学級が落ち着く

教室の整理・収納・動線のルール

安村 晃子 著
Akiko Yasumura

学事出版

教室全体風景

⬆教室前方。できるだけ視界に入るものを減らすことで、授業に集中しやすくなります（p.17）

⬅机の場所を決めたら、マジックで床に印をつけておきます。また、下校直前に日直に整頓するように言ってもらいます（p.42）

⬇下駄箱が2段の場合、上の段も活用できます（p.64）

かご・ユニットの活用

プラスチックのかごはプリントの仕分けや小さい物の管理にとても便利です（p.21、57、91、95）➡

ドリルやノートの背表紙に5番ごとに区切ったユニットカラーのビニールテープを貼ります（p.19、24、92〜93）➡

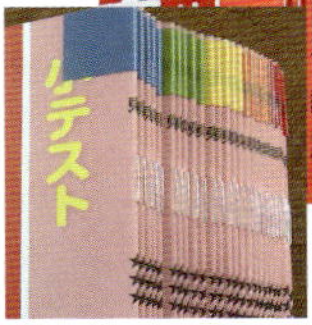

⬇漢字テストや音読カードの台紙も、ユニットカラーで作成します（p.19、24）

マグネットカード・文具の工夫

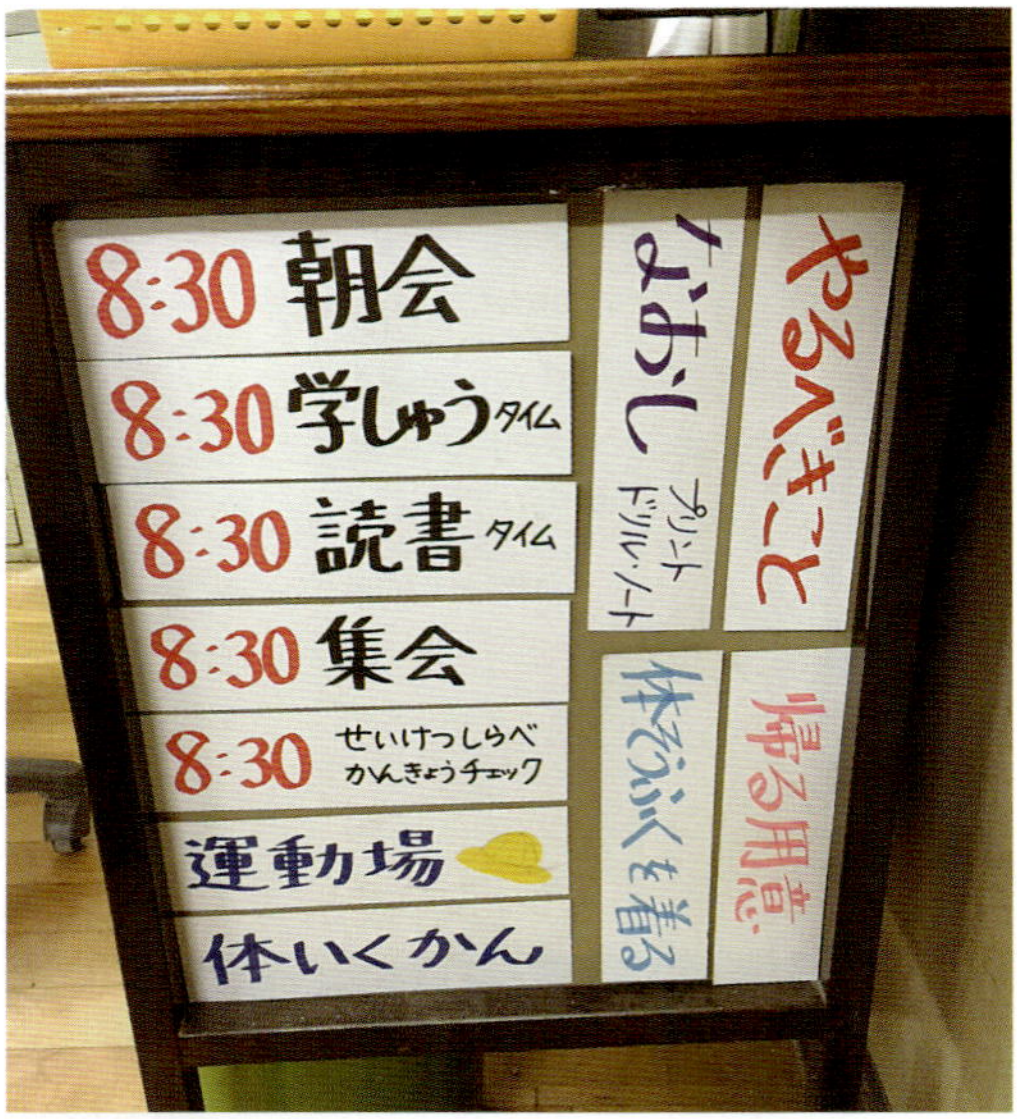

← よく黒板に書くフレーズ（指示や場所）は、あらかじめ厚紙に書いて裏に磁石を貼っておきます（p.24）

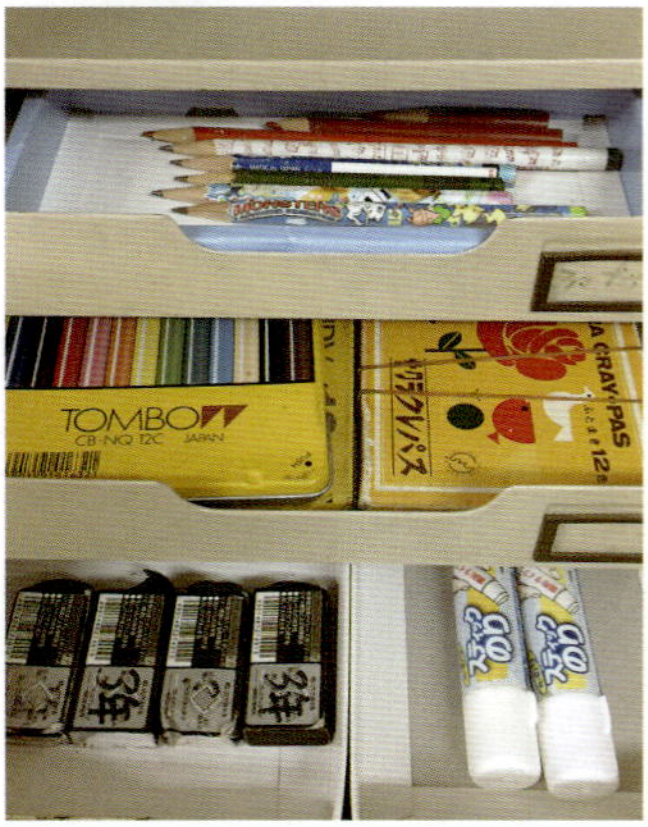

← 文房具を忘れた子のための貸し出し用の道具。忘れ物に気がついたら必ずその場で連絡帳に記入させます（p.44、113）

↓ ノートを忘れたり、用意が間に合わなかったりした子のために、ノートのコピーを常備しています（p.44）

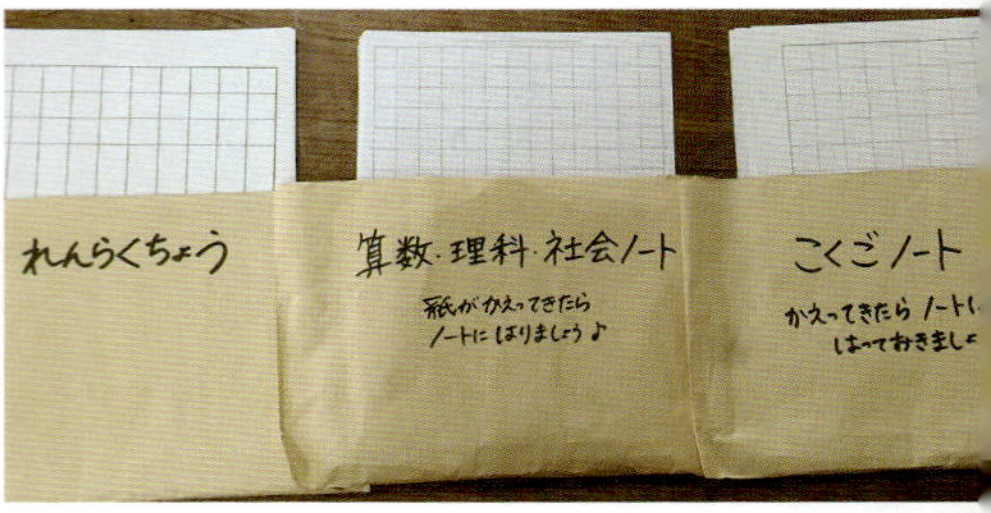

ロッカー（絵の具・習字道具など）の収納

⬆見た目をきれいにするポイントは「大きさや形」「色」をそろえることです。これによりロッカーもすっきりします（p.15）

⬇ロッカーに習字道具を収納した例。ユニットを活用することで時短にもつながります（p.28）

⬆同じロッカーに絵の具セットを収納した例。ユニットカラーのシールを棚板に貼っておきます（p.26）

雑巾の定位置

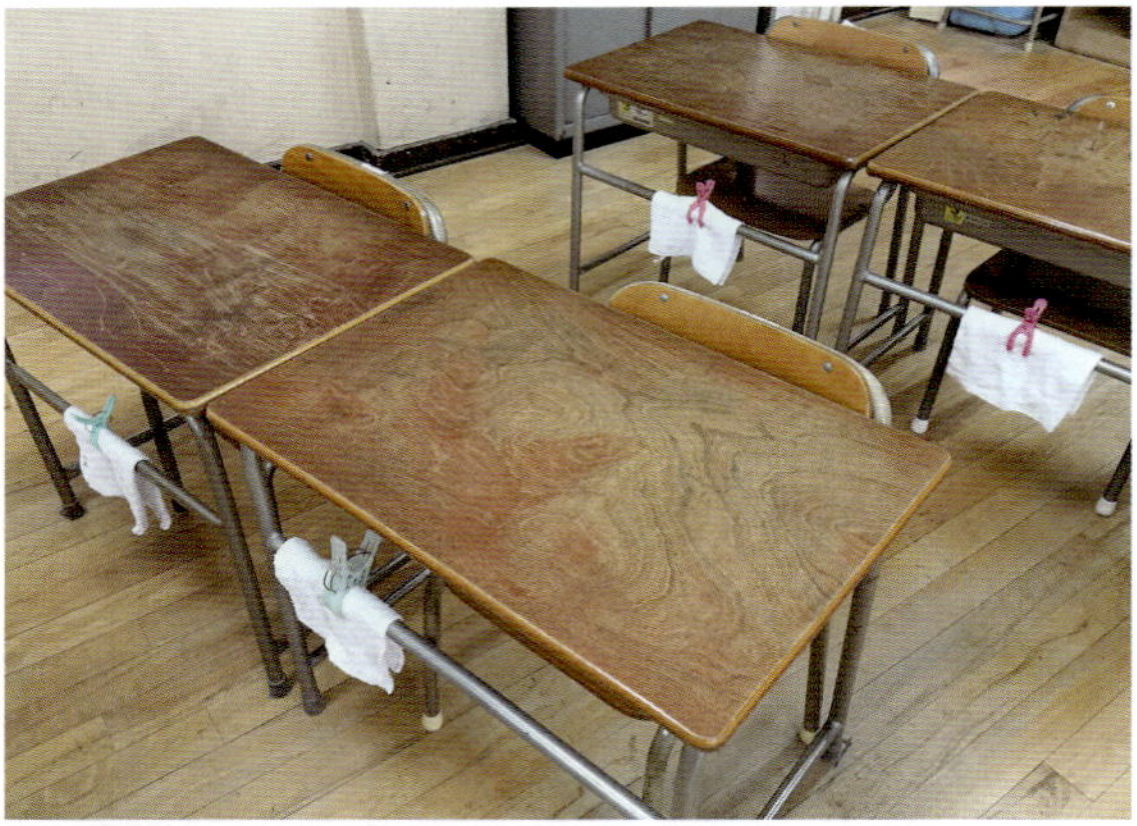

⬆個人用の雑巾は机の前の棒にかけて、大きめの洗濯バサミで留めさせます(p.68)

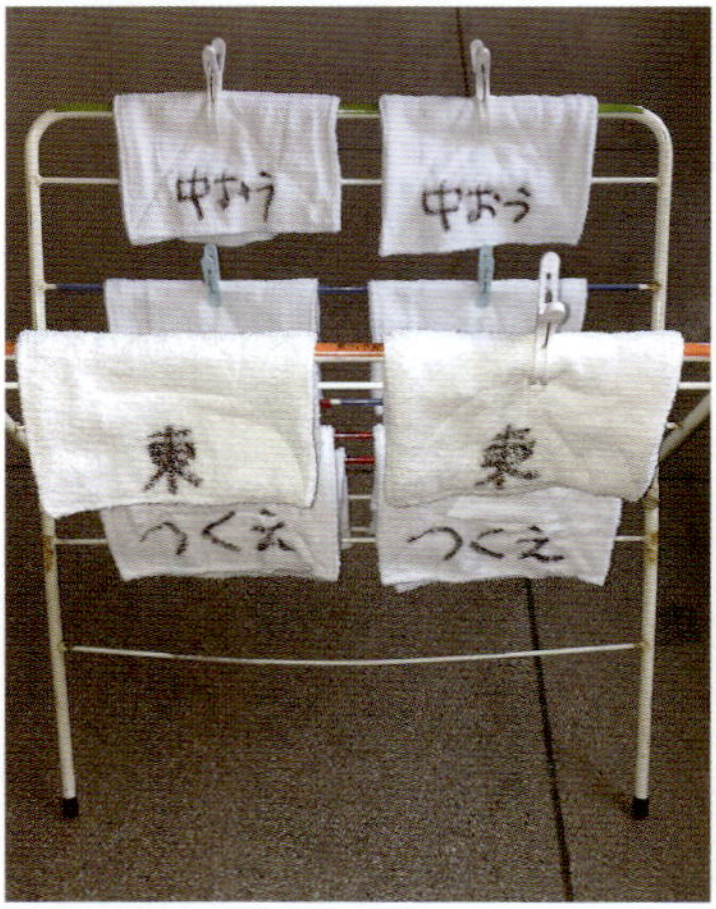

⬅共用の雑巾は、場所ごとに専用の雑巾を用意し油性ペンで場所を記入しておきます(p.69)

雑巾かけにもビニールテープに場所を記入➡して貼っておきます。住所を固定することで、きちんとその場所へ戻す習慣ができます(p.69)

掃除用具の管理

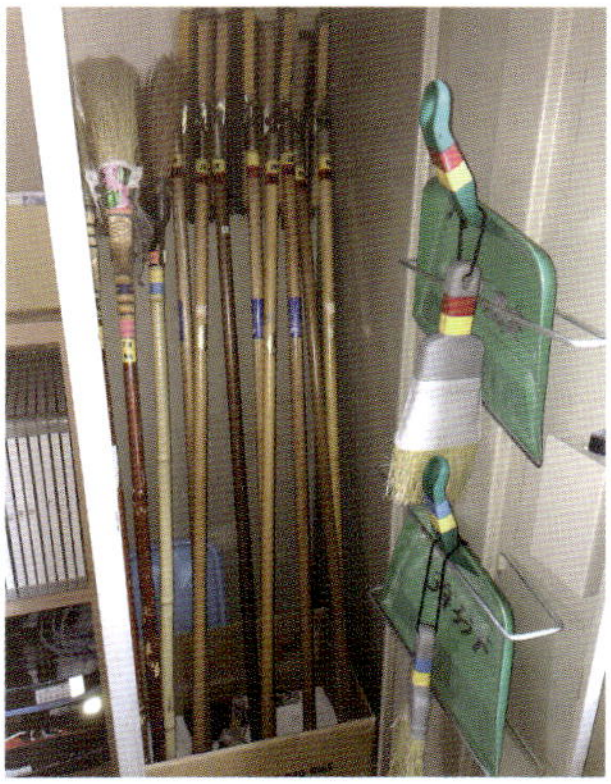

⬅掃除用具は過不足なく用意し、それぞれの道具に2枚のビニールテープを貼って管理します（p.86）

⬇掃除分担は細かく作業や場所を分けておきます。曜日ごとに担当を変えると平等になります（p.85）

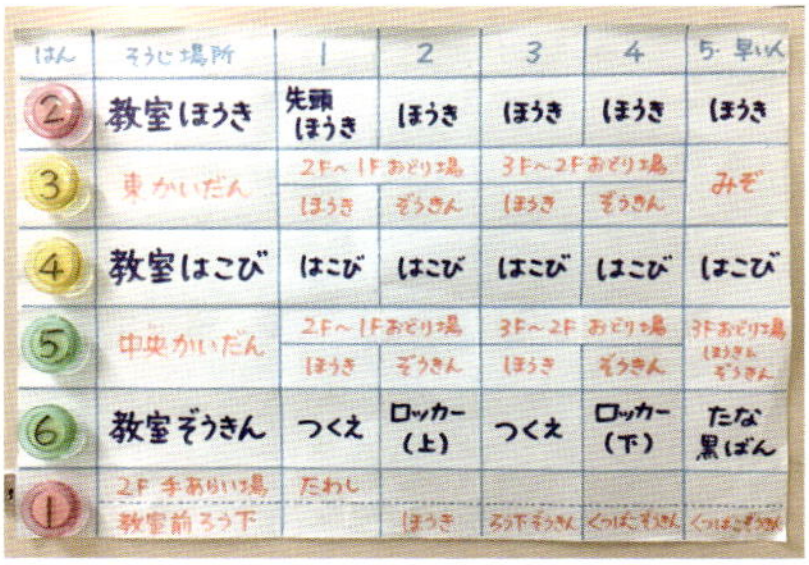

はん	そうじ場所	1	2	3	4	5・早いん
2	教室ほうき	先頭ほうき	ほうき	ほうき	ほうき	ほうき
3	東かいだん	2F～1Fおどり場 ほうき	2F～1Fおどり場 ぞうきん	3F～2Fおどり場 ほうき	3F～2Fおどり場 ぞうきん	みぞ
4	教室はこび	はこび	はこび	はこび	はこび	はこび
5	中央かいだん	2F～1Fおどり場 ほうき	2F～1Fおどり場 ぞうきん	3F～2F おどり場 ほうき	3F～2F おどり場 ぞうきん	3Fおどり場 ほうき ぞうきん
6	教室ぞうきん	つくえ	ロッカー（上）	つくえ	ロッカー（下）	たな 黒ばん
1	2F 手あらい場	たわし				
	教室前ろう下		ほうき	ろう下ぞうきん	くつばこぞうきん	くつばこぞうきん

⬇全校の掃除場所見取り図。さらにクラスの担当場所だけ塗ったものを各学級に配布しました（p.87）

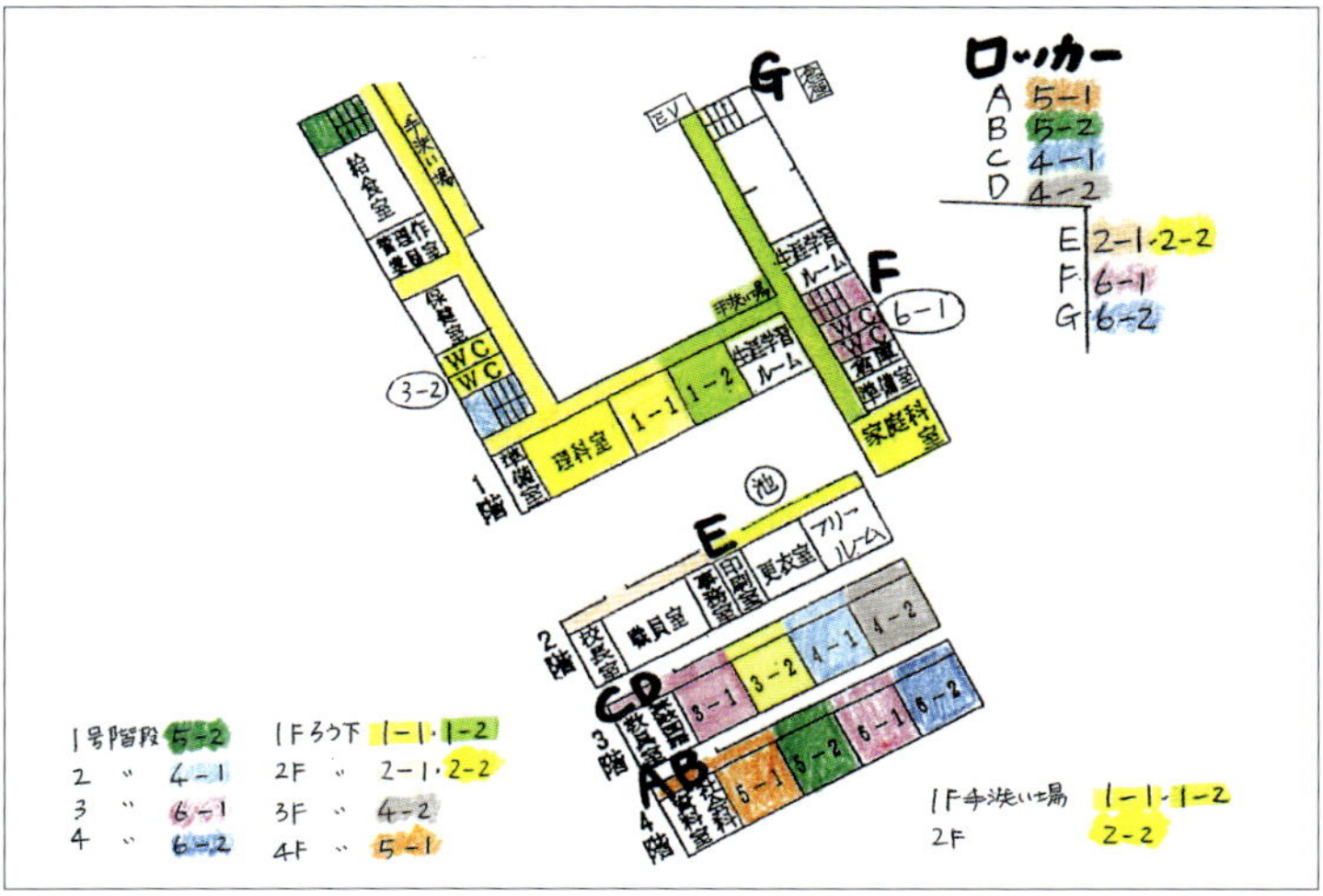

連絡帳の書き方

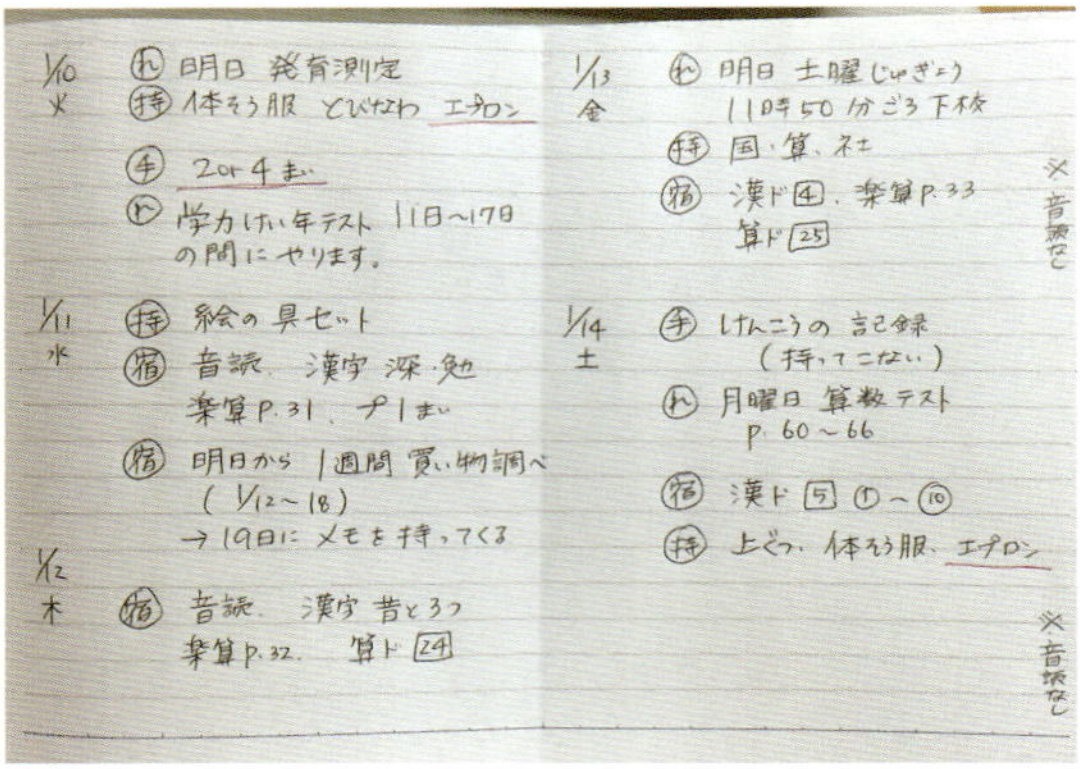

(れ) 連絡
(持) 持ち物
(手) 手紙の数
(宿) 宿題
(わ) わすれもの
(明日必ず持ってくる)

⬆ 教師用の連絡帳下書きノート。あらかじめ「下書き」をしておくことで、伝達モレを防ぐことができます（p.112）

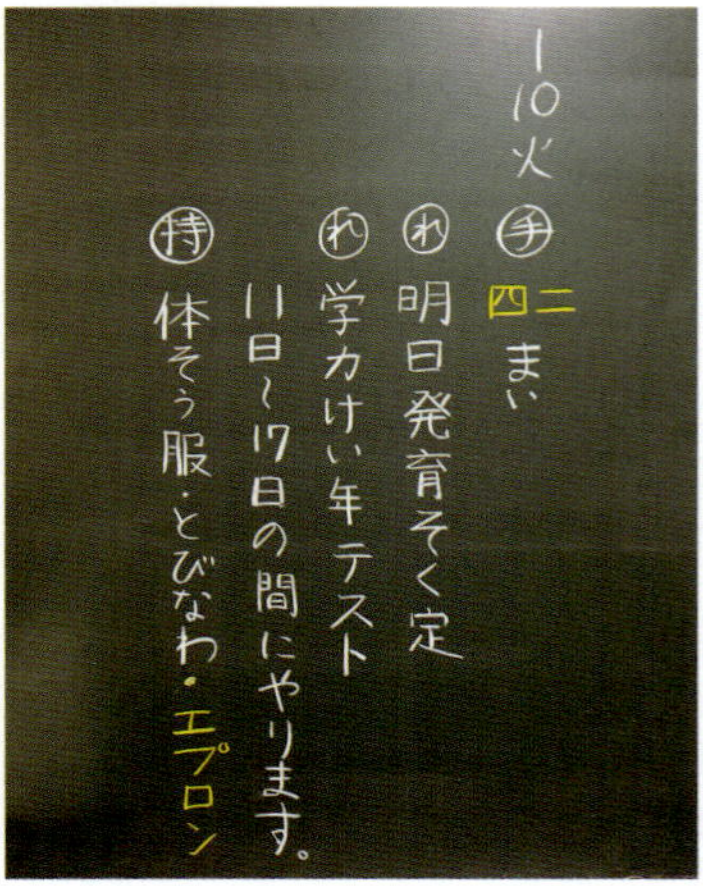

⬅ 連絡事項の板書。白、黄色、赤の3色を使い分けています（p.113）

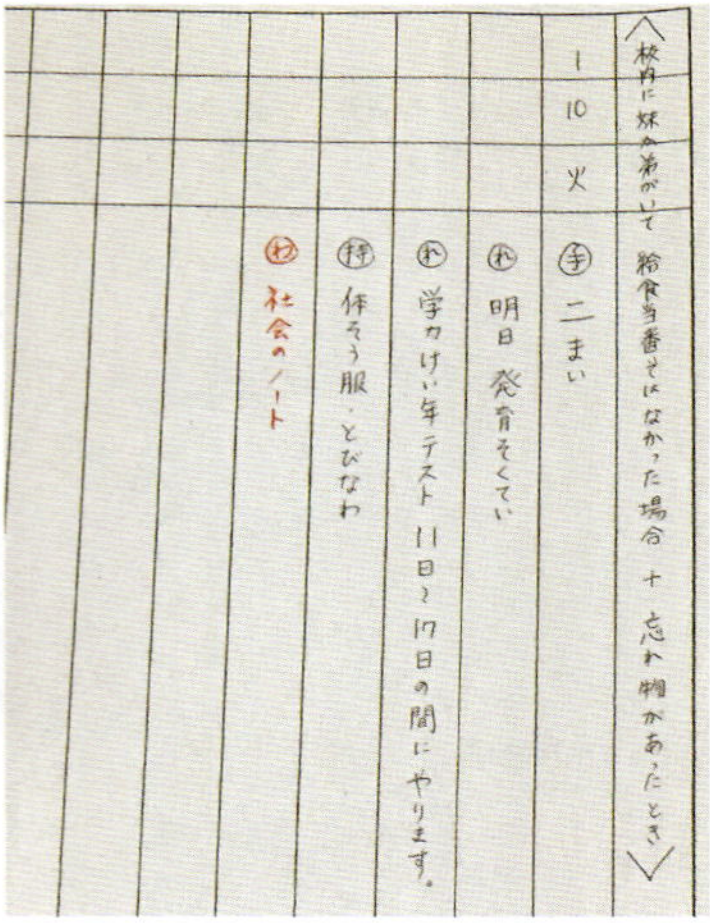

子どもが書き写す連絡帳の例です。忘れもの ➡ をしたら、その場ですぐに赤で記入させます（p.113）

学級が落ち着く

教室の整理・収納・動線のルール

プロローグ

みなさんの学級では、このようなことはありませんか？

掃除の時間が始まってすぐ、子どもたちのほうきの取り合いがあちこちで起きる。

プリントやノートを提出させる時に、「順番を抜かされた！」とケンカになる。

私の学級でも、以前はよくありました。しかし、**整理・収納・動線**の工夫をしていくうちに、少しずつ減っていきました。もめごとやケガが減ることで、無駄な生活指導の時間を減らすことができ、その分、**学習時間を確保することができる**ようになりました。また、教室が整頓されていることで、**クラスの雰囲気も落ち着き、子どもたち自身で整理整頓をすることができる**ようにもなったのです。

探し物の時間を減らすことで私自身、仕事が効率的になり、教材研究をする時間ができたり、早く仕事を終わらせて休息したりと、私生活が充実するようになりました。

本書は、そんな私がこれまで取り組んできた教室の整理・収納・動線の工夫について、道具別、場面別に分けてまとめています。地域や学校によって違いがあり、実践できないことがあるかもしれませんが（私も実際のところ、すべて実践できているわけではありません）、本書の智恵が少しでもみなさんの参考になればうれしいです。

ところで、なぜ整理整頓をするのでしょうか。それは**「思いやりの心を育てる」**ためだと私は考えています。学校はみんなで生活している場所で、他の人と一緒に使うものや場所がたくさんあります。だからこそ、次に使う人のことを考えて整理整頓を行うのです。私は子どもたちに、**「次に使う人のことを考えてきれいにしようね」**と指導しています。そして、整理整頓をしたあとには、「気持ちよくなったね」「ありがとう」と声をかけています。自分たちで片付けることの気持ち良さ、また大変さを感じている子どもたちは、他の誰かがきれいにしてくれていたら、そのことに気付き、感謝の気持ちを持つことができます。こうやって**思いやりの心を育んでいくことができる、それも整理整頓の効果**だと思います。

子どもたちの学習環境を整え、さらには教師の仕事を効率化させることで、よりよい教育ができるよう、整理・収納・動線の工夫にチャレンジしてみませんか？

学級が落ち着く　教室の整理・収納・動線のルール

もくじ

第1章

〈整理・収納のルール①〉学習で使うもの

第2章

〈整理・収納のルール②〉身につけるもの

【忍者のアイコンについて】

第１章〜第５章のタイトル部分に登場する忍者のマーク（アイコン）は、その整理・収納・動線の中に関連する「７か条」の術を表します。

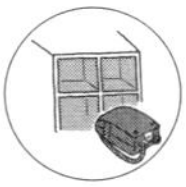
住所固定

動線イメージ

見た目重視

隠す

ユニット活用

かご活用

定番見直し

たとえば、第1章の絵の具セットのタイトル部分には、の2つのアイコンがあります。これは、其の5「ユニット活用の術」と其の3「見た目重視の術」が基本的な考え方・手法として使われていることを示しています。

【付　録】コピーして使える資料

コラム

コラム①

整理術の基本のき

「だれが見てもどこに何があるのかがわかる」

これが整理術の基本ではないでしょうか。ある場所がわかれば探す時間が省けます。片付ける場所がはっきりしていれば、迷うことなく片付けることができます。そのためには適材適所（ここでは人ではなく物のこと）が大切です。

・みんなが便利だと感じる場所はどこなのか？

・どこにあれば動線を少なくすることができるのか？

こういったことを考えて道具の収納場所を決めていくと良いと思います。

しかし現実には、校内に空いている場所・スペースがない、予算がなくて道具を収納する棚がないなど、学校にはさまざまな問題があります。

ここが教師の腕の見せ所です！　奥行きのある棚なら、中にダンボールを置いて2段にしたり、棚の扉や側面を利用したりして、空間をうまく活用してみましょう！　そうしているうちに、もしかしたら、校内のどこかに眠っているスペースが見つかるかもしれませんよ。

序章

落ち着いた教室環境づくりの基本7か条

其の1
住所固定の術

私たちには、住んでいる場所（家）があり、仕事が終わると家に帰ります。でも、もし住む場所がなかったら、どうでしょう。帰ることができなくなってしまいますよね。道具やものも同じです。**「住所（＝使わない時に置いておく場所）」を決めておくことで、出しっぱなしや散らかしっぱなしを防ぐことができます。**

たとえば、掃除道具。ロッカーを開けてみると、ほうきの上下が逆になっていたり、ちりとりが所定の場所になかったり、数が足りなかったり……。以前はそういったことがよくありました。そこで、ロッカーに入っている道具の名前や数を紙に書いて扉に貼ったり、それぞれの置き場所を決めたり（＝住所を固定）したところ、道具が行方不明になることがなくなりました。また、子どもたちが片付けやすいように、小さめのダンボールを用意したり、ロッカーの扉の裏などのスペースを利用したりして、空間の活用も行っています。**どこに何があるのかがわかれば、子どもたちは片付けやすいですし、「先生、どこにあるの？」と聞いてくることもありません。**

適量を入れることも大切です。箱の中に書類を入れる場合も、決められた容量の中で**本当に必要なものは何なのか**を取捨選択していくことで、整理され、使いやすくなっていくのです。

其の2
動線イメージの術

「動線」という言葉を聞いたことがあるでしょうか？　たとえば、家事をする場合に移動するルートを「家事動線」といいます。洗濯をする場合、洗面所の洗濯機から洗濯物を取り出して、ベランダに干しに行くとします。そのルートが「動線」。この**動線がなるべくシンプルで通りやすいように工夫する**と、家事が楽になります。

この考え方は、学校・教室でも活用することができます。先程の掃除道具の例でいうと、道具の置き場所を**「子どもの動線」をイメージしながら決めることで、トラブル防止につながります。**掃除道具の置き場所を分散させ、各掃除場所の近くに配置することで、子どもたちが一気に集まってくることがなくなるため、ケガを防ぐことができるのです。授業中にも、ノートを提出させる時の子どもたちの道順を決めておくことで「順番を抜かされた！」ということがなくなります。

また、混雑を防ぐためには、同じ動線でも**「時間をずらす」**という方法もあります。時間をずらすことによって、給食の時間、手洗い場が混雑をして給食当番がなかなかそろわないということや、図書の返却をさせる時に長蛇の列ができて子どもを待たせ、その間に騒がしくなってしまう……といったことを解消することができます。

動線のルール化については、第４・５章で詳しく紹介します。

其の3
見た目重視の術

職員室で仕事をしている時のことを想像してみてください。

・あちこちの机で書類が山のように積まれている状態

・どの机もスッキリしている状態

どちらの方が、仕事に集中することができるでしょうか。

中には、前者という方もいるかもしれませんが、多くの方が後者と答えるのではないでしょうか。子どもたちにとっても同じです。**雑然とした教室環境では、学習に集中することはできません。**整理・収納を心がける際には、ただ収めるのではなく、**「見た目も美しくきれいに」**することが大切です。

きれいにするためには、二つのポイントがあります。一つは、**「大きさや形をそろえる」**。もう一つは、**「色をそろえる」**です。「大きさや形をそろえる」は、その物の特性をよく考えて、特性に合った収納場所や方法を決めていくことです。「色をそろえる」は、たとえば習字道具なら、赤系は右で黒系は左という風にまとめたり、掲示物に同系色の色画用紙を使ったりすること。こうすると、とてもきれいに見えますよ。

この「色をそろえる」を機能的に応用したのが其の5の「ユニット活用の術」です。きれいに見えてかつ機能的、目指すは「才色兼備」なのです！

其の4

隠してスッキリの術

「教室の前方にはできるだけ掲示物は貼らずにスッキリさせましょう」

最近、こんなことを耳にするようになってきましたね。視界にさまざまな情報が入ると、集中できなくなってしまう子どももいるからです。しかしこれはだれにとっても多かれ少なかれあるのではないでしょうか。私たち教師にとって、**すべての子どもたちが落ち着いて学べる環境を整えることが大切**です（グラビア参照）。

しかし、だからといって学級目標や時間割、学年だよりなどを貼らないというわけにもいきません。

そこで、**「隠す」**というわざの登場です。子どもたちが学習に集中できるように、カーテンを利用したり、掲示物を廊下に出したりすることで、視界に入る刺激を減らすことができます。以前伺ったある小学校では、掲示板にもカーテンがかかっており、必要に応じてカーテンを開けたり閉めたりしていました。

また、色の刺激が強いものや、形がバラバラのものなどは、**箱の中に隠して収納することで、見た目もスッキリしますし、移動をさせる時にも便利**です。ただしその場合、ラベルや写真を貼るなどして中に何が入っているのか「見せる」ことも忘れないでくださいね。

其の5

ユニット活用の術

学級担任の仕事の一つに、宿題の丸つけがあります。皆さんは、どのように宿題を回収していますか？

・朝の用意ができた子どもから提出させる

・そろっているかを確認して、班ごとに集めて提出させる

などでしょうか。私は、始業前にできるだけ丸つけをしておきたいので、前者の方法をとっています。しかしそうすると、誰が提出したのかわからなくなる場合があります。そうかといって、名簿でチェックしたり、子どもの名前を読んで確認したりするのは、どちらも手間ですよね。

そこで私は、**出席番号の５番区切りでユニット**（グループ）をつくり、ユニットごとに**ユニットカラー**を決めています。このユニットカラーのテープをドリルやノートに貼ることで、バラバラに集めたノートでも、出していない子を特定しやすくなります（グラビア参照）。絵の具セットや習字道具などをロッカーにしまわせる時にもユニットごとに入れさせることで、整頓されていない時に指導がしやすくなります。

もちろん、**「班」もユニットの一形態**といえます。ユニットの具体的な活用法は、本書の随所で説明していますのでご覧ください。

其の6
かご活用の術

百円均一の店に入ると、ついつい学校・教室で使えそうなものを探してしまい、あっという間に時間が経っているということがよくあります。

特にオススメなのが、**「プラスチックのかご」**。私がよく使うサイズはＢ４とＡ４で、それぞれ班の数以上用意しています。Ｂ５もあると便利です（グラビア参照）。

活用方法の一つが**プリントのストック**です。私は、学期の始めに学習プリントをまとめて印刷していますが、そうすると、置き場所に困ります。そこで活躍するのが、このかごです。**教科ごとや、目的（宿題・テストなど）ごとに、色ちがいのかごの中に入れておく**と、見た目にも美しく、欲しいものをパッと見つけることができます。

もう一つのオススメの方法は、**提出場所としての活用**です。宿題を提出させる時、何もないところに重ねて置かせると、向きがバラバラになったり、崩れてきたりします。また、プリントなどは風で飛んでしまうこともありますが、かごに入れさせることでそれらを防ぐことができます。かごがなければ浅いダンボール箱でも代用できます。

また、班ごとに細かいものを配ったり、理科の実験道具を数点ずつ渡したりする時など、事前にかごに入れておけば、さっと学習に入ることができます。

大活躍のかごたちが、他にはどんな場面で使えるか、いろいろ試してください。

其の7

定番見直しの術

最後に紹介したいのは、教室に限らず、**思い込みをしない**ということです。つまり**「定番を見直す」**ということです。

研修である学校におじゃました時のこと。廊下に体操服がかけられていました。「体操服は教室の中」と思い込んでいた私は、目からウロコ！　また、上下２段になっているフックを見た時には感動して、まねしてみたい！　と思いました。**それぞれの学校にその学校ならではの工夫があります。**研修などは宝探しのチャンスです。

私自身が発見した定番見直しの例もあります。それは、「棚の扉を外す」ということでした。前任校の職員室の後ろには、大きな棚が二つありました。しかし、活用されていたのはほんの一部。鉄の扉の中には何が入っているのかもわからず、開けている先生を見たこともほとんどありませんでした。そこで思いきって、その扉を外すことを提案。許可が下りたので、扉を外して「見えない」ものを「見える」ようにしました。その結果、他の先生の目にも入るようになり、乱雑に置かれていたものが整理され、きれいに収納されるようになっていきました。また、学年ごと、行事ごとなど、書類の入った箱を分類して置くことで、探す時間を減らすことができたり、思ってもみなかった資料が出てきたりして、うれしい効果がたくさん見られました。

コラム②

新年度に用意したい時短化ツール

私は出席番号の5番ごとに区切ったユニット（グループ）をつくって、そのユニットごとに色分けをしています（グラビア参照）。まず始めに私が用意するものは、ユニットの数と同じ種類のビニールテープとカッターマットです。

①カッターマットにビニールテープを端から端まで貼ります。
②4センチごとにカッターでカットしていきます。
③それらをドリルやノートの背表紙に貼っていきます。

また、音読カードや漢字テストを貼るための台紙も、ユニットと同じ色の画用紙で作ります。これは一年間使う分をまとめて用意しておくと便利です。

もう一つオススメなのが、黒板に貼るマグネットカードです。厚紙を裁断機でカットし、「8時30分から朝会」「運動場」「体そう服を着る」など、子どもたちへの指示や場所を記入し、裏にシール付きの磁石を貼っておきます（グラビア参照）。これで、登校時や教室移動の際にいちいち黒板に書く手間がなくなります。

★ビニールテープを
4センチごとにカット。
↓
★ドリルやノートに貼る。

第1章

〈整理・収納のルール①〉
学習で使うもの

絵の具セット

【特性】

学習道具の中でも、かなり場所をとるものの一つ。また、指導後、水入れやパレットを拭かせるが、水分が残っていたり、筆が十分に乾いていなかったりして、そのままにしておくとカビが生えてくる可能性があるのも厄介。だいたいどの絵の具セットもサイズや形は変わらない。

1 オススメの収納法

余っているロッカーに、出席番号ごとに区切って入れさせておくと、誰が片付けていないのかが一目見てわかります。その際、ユニットカラーのシールを棚板に貼っておくと、たとえばひもが出ていたら、そのユニットの子たちを呼んで片付けさせることができます。全員に声をかける必要がなくなるので、時間の短縮にもつながります。また、一つのロッカーに数個入れることで、ぴったりと収まり、きれいに見えます（グラビア参照）。学期末は必ず持ち帰らせ、道具、特に筆の状態を調べたり、絵の具の補充をしたりするよう、学年だよりや連絡帳で知らせておきましょう。

〈水入れ〉使用後、専用の雑巾で拭き、乾かすためにロッカーなどの上に置かせ、翌日、登校した子どもから所定の場所に片付けさせます。

★ユニットカラーのシールを棚板に貼る。

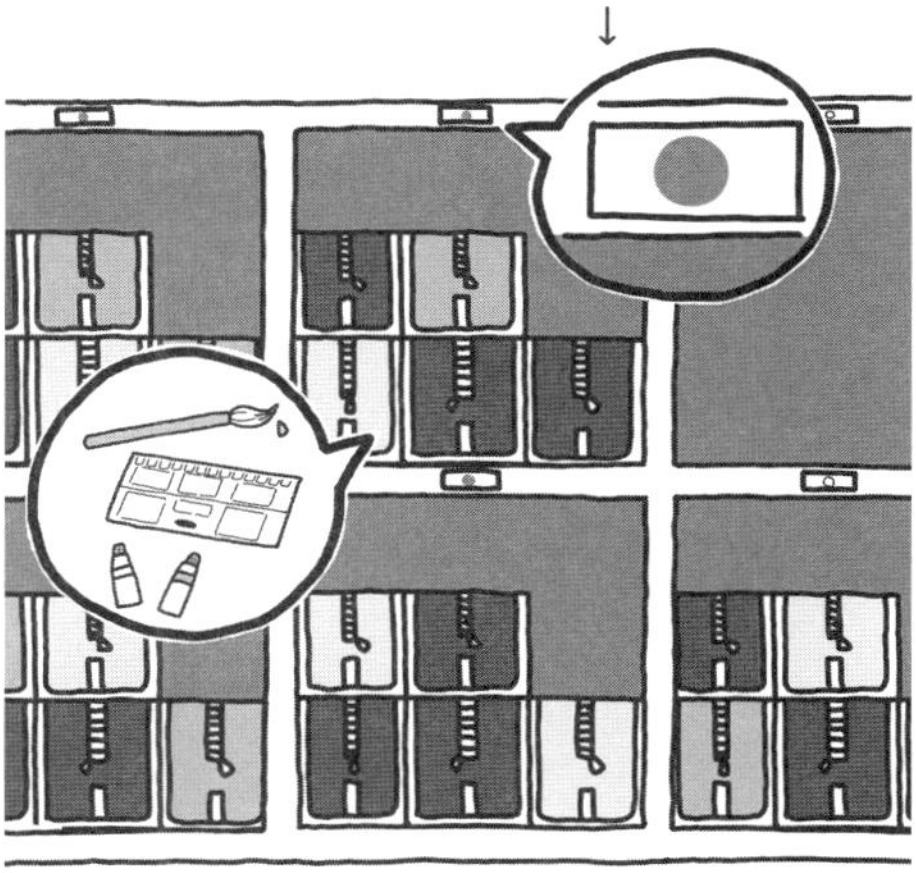

❷ それが難しい場合は

教室にスペースがない場合には、その都度持ち帰らせるという方法もあります。しかし、持ち帰ると次の学習の時に忘れ物をする子が必ず出てきます。ロッカーが余っていない場合は、教室内のランドセルを入れる個人用ロッカーに入れさせたり、大きめのダンボールに入れてどこかの教室に置いたりすると良いと思います。

習字道具

【特性】

絵の具セットほどは場所をとらないため、個人用ロッカーに入りやすい。寝かせても端に立てて置いても安定感がある。薄いので、机の横にかけておくことも可能。習字を習い事にしている子どもたちは道具を持ち帰るため、忘れ物をしないように気をつけなければいけない。

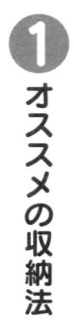

1 オススメの収納法

ロッカーが余っている場合には、絵の具セットと同様に、ユニットを活用して色のテープを貼っておき、入れさせます。その時、バラバラに並んでいると、ゴチャゴチャしているように見えるので、色を大体そろえて置いておくようにすると、見た目にも良いです（グラビア参照）。紙ばさみ（書いた半紙を挟んでおくもの）がある場合は、ロッカーの端に集めて入れておくと良いでしょう。

〈筆〉筆はていねいにしまわないと、毛が逆向いたり抜けたりします。それを防ぐために、厚紙をジャバラ状にしたものの上に置かせて、教師が保管する方法もあります。厚紙には出席番号をふっておき、そこに置かせるようにしましょう。

〈瓶〉筆を洗うのに使う瓶などはそんなにも幅をとらないので、個人用ロッカーに入れさせておくと良いです。その瓶は洗ったあと裏返して靴箱の上などで乾かしておき、翌日登校した子どもから片付けさせるようにしましょう。

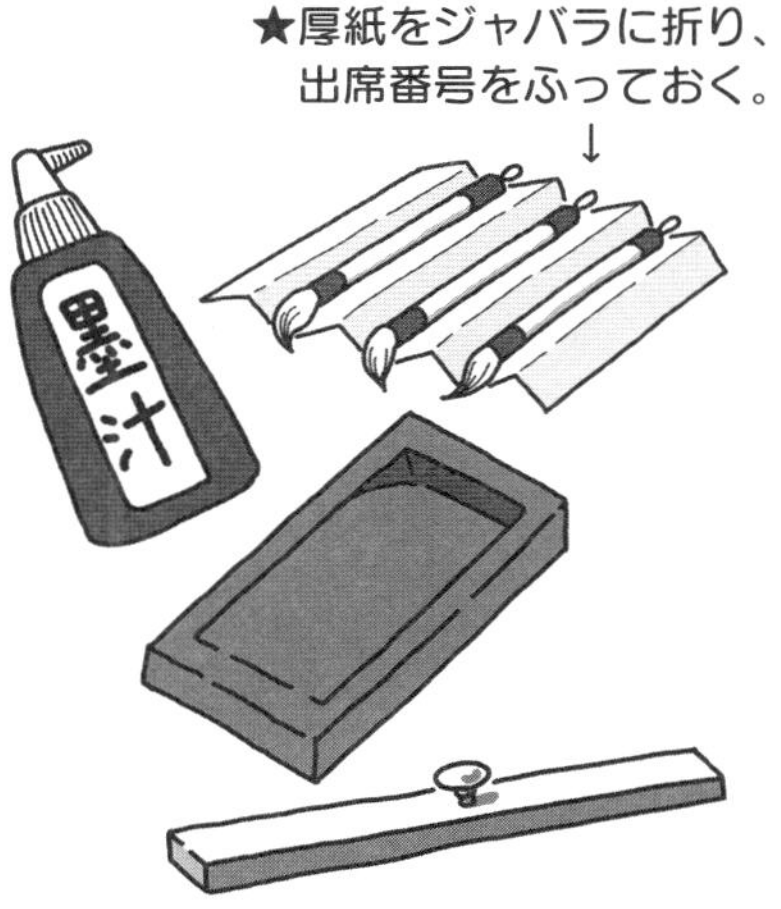
★厚紙をジャバラに折り、
出席番号をふっておく。
墨汁

2 もし可能ならば

空き教室が近くにある場合には、大きめのダンボールに入れて置いておくのも良いと思います（ただし、習い事で道具を持ち帰る子どもがいると、手間かもしれません）。

裁縫セット

【特性】

最近はさまざまなタイプの裁縫セットが販売されている。形がバラバラのため、ロッカーにそのまま入れさせると見た目があまりきれいではない。それほど大きくはないので、教室に置いておいてもさほど困らないが、頻繁に使うわけではない。

① オススメの収納法

ロッカーが余っている場合には、出席番号ごとに入れておくと良いです。ただし見た目がそろわないため、ロッカーに入るサイズのダンボール箱などにまとめて入れておくとスッキリします。「かくす収納」です。

箱に入れる場合、たとえば机の号車や班ごとに入れさせても良いでしょう。そうすれば、同じロッカーの子がまとめて取って配ることで、ロッカーのところが混雑しなくてすみます。

ロッカーがなければ教師用の棚などに入れておき、授業で使用する日に配っても良いでしょう。あまり大きくないので、個人用ロッカーに入れておいても良いですね。

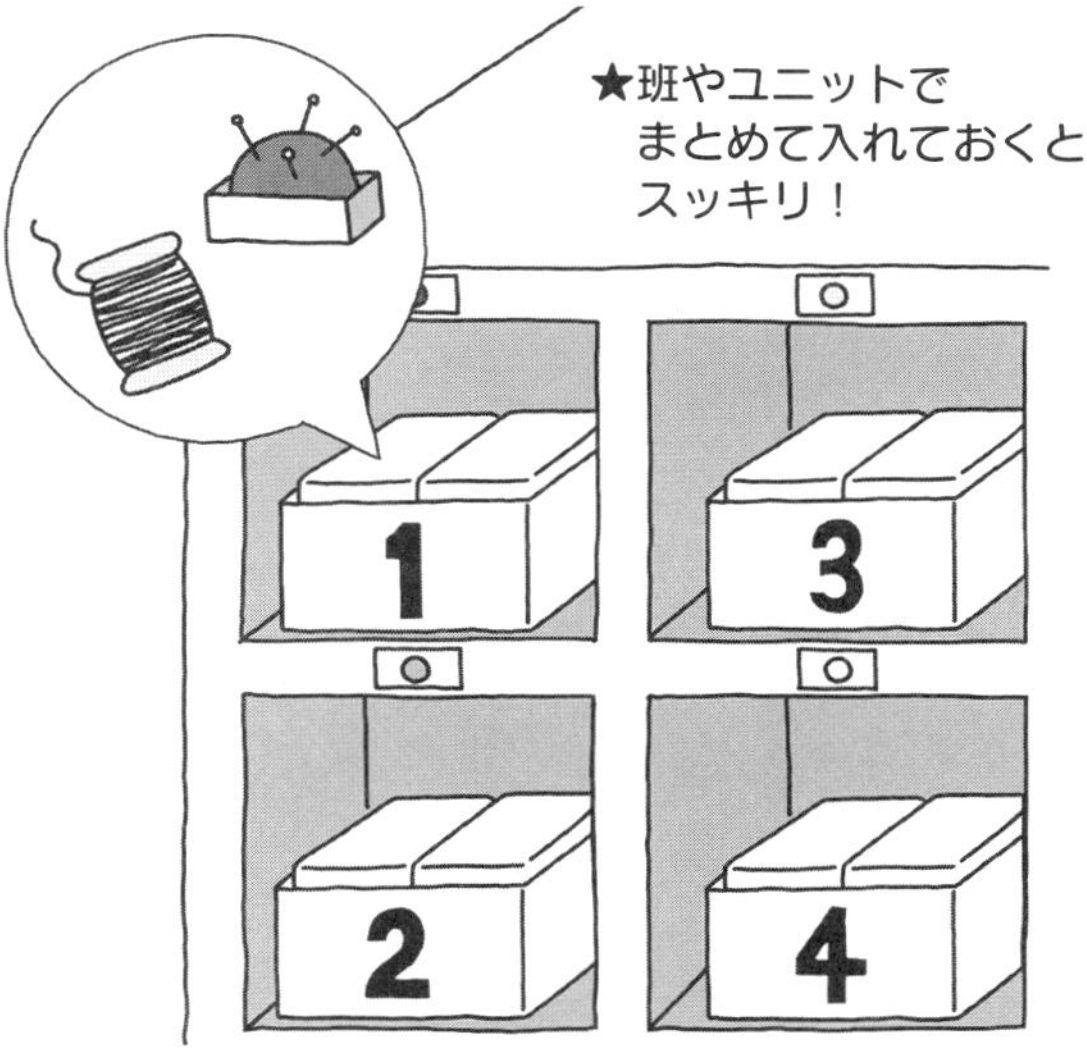
★班やユニットで
まとめて入れておくと
スッキリ！
1
3
2
4

②もし可能ならば

裁縫セットは毎週使用するものではないので、学習で使用するときだけ連絡帳で知らせて持たせるという方法もあります。興味・関心のある子は、家で自主的に何かを製作することもあるので、持ち帰らせるのも良いかもしれませんね。忘れ物が多い学級の場合、基本的には学校で預かり、希望者のみ持ち帰っても良い、という方法もあります。

算数セット

【特性】

お道具箱ほどの大きさがあり、かなりかさが高い。算数の学習を進める際、あると便利なものが多いが、多くのものはある一定期間しか使わない。かといって、算数はほぼ毎日学習するため、他の部屋に置いておくのは面倒であるし、個人用ロッカーに入れるとロッカーがとても狭くなってしまう。

1 オススメの収納法

個人で購入させている場合は、余っているロッカーにユニットを活用して入れておくと良いでしょう。ただし、頻繁に使う時期は班ごとに入れて班の代表に取りに行かせると、混雑を防ぐことができ、ケガの防止にもつながります。

時期によって、おはじきとブロック以外は使わなくなることもあります。その時は、その二つだけをお道具箱に入れさせておくと良いでしょう。

❷ もし可能ならば

学校によって個人で購入させるところと、学校で購入していて使う時期だけ貸し出すところがあると思います。

学校からの貸し出しの場合、教室内で保管する場合と、算数教具室（準備室）に保管する場合とがあります。年中使うわけではないので、できるだけ教室をスッキリさせるためにも、別の部屋に置いておくと良いと思います。その際、算数セットの箱をクラスの人数分運ぶのはかなり大変です。おはじき、ブロックなど、道具ごとに箱に入れて収納しておくと、運ぶのが楽ですし、一定期間教室に置いておく時もスッキリしますし、子どもたちも片付けやすくて良いと思います。

粘土・粘土板

【特性】

粘土は重たいため、まとめて箱などに入れておくと、運びにくい。粘土は授業以外にも、雨の日に教室で遊びに使ったり、課題がはやく終わった子どもの時間調整に使ったりすることができるため、子どもたちの身近なところに置いておくのが良い。しかし、粘土板は汚れやすく汚れが取りにくいため、置き場所に困る。

❶ オススメの収納法

〈粘土〉すぐに取り出せるよう、個人用ロッカーに入れさせておくと良いでしょう。その際、「右奥に縦長に入れる」など、入れ方を統一しておくと、子どもたちの下校後、ロッカーを見た時にも整理されていて、気持ちが良いですよ。

〈粘土板〉まとめて一つのロッカーに入れて自由に使えるようにします。ロッカーを汚さないために、浅いかご（またはダンボール箱）の中にまとめて入れさせると、向きがそろって見た目にもきれいです。

❷もし可能ならば

粘土をまとめてロッカーに入れる場合には、だれのものかがすぐにわかるよう、名前が手前にくるように入れさせましょう。

粘土板はビニール袋などに入れさせる方法もあります。この場合は、誰が使用したのかが明確になるため、最後に返却させる時に、本人にきちんと綺麗にさせることができます。責任を明確にしておくことは、「後片付けまできちんとする」ということを身につけさせるためにも大事なことですね。

鍵盤ハーモニカ・吹き口

【特性】

学校によって個人で購入させるところと、本体は学校で購入し、卓奏用のパイプ型吹き口だけ個人で購入させるところがある。一つ一つが大きいため、学校が購入する場合、収納する場所に困る。また、安定感が悪く、倒れやすい。低学年の使用頻度が高く、置き場所は低学年教室にするのか、音楽室にするのか、検討が必要。

1 オススメの収納法

〈鍵盤ハーモニカ〉本体の側面に番号をふっておき、番号順に余っているロッカーに入れさせると良いでしょう。大きいロッカーの場合には、5個とか10個ごとにブックエンドを立てておくと（磁石やガムテープなどで固定しておくと良い）、入れる時の目安にもなり、整理しやすいです。学校購入の貸し出しの場合でも、1年間使うものを固定しておくと、子どもたちは取りやすく、また片付けやすくなるため、スムーズに貸し出しと返却ができます。一斉に鍵盤ハーモニカを取りに行くと混雑して、もめごとの原因になります。そこで、班ごとに取りに行かせるとか、学習係に配らせると良いでしょう。

個人用ロッカーのスペースに余裕がある場合には、そこに置いても良いですね。

〈吹き口〉本体が学校購入で、教室で使用することが多い場合は、各自のお道具箱の中にしまわせておくのがオススメです。音楽室で使用したり教室で使用したりする場合には、小さめのダンボールやかごに集めて入れておくと、移動の時に運びやすいです。吹き口はきれいにしまうことは難しいので、中身が見えない箱にしまって隠すと良いでしょう。その際、衛生面を考えて、吹き口はファスナー付きの袋などにしまわせておきましょう。吹き口は、鍵盤ハーモニカの用意ができた子に配ってもらうのも良いですね。

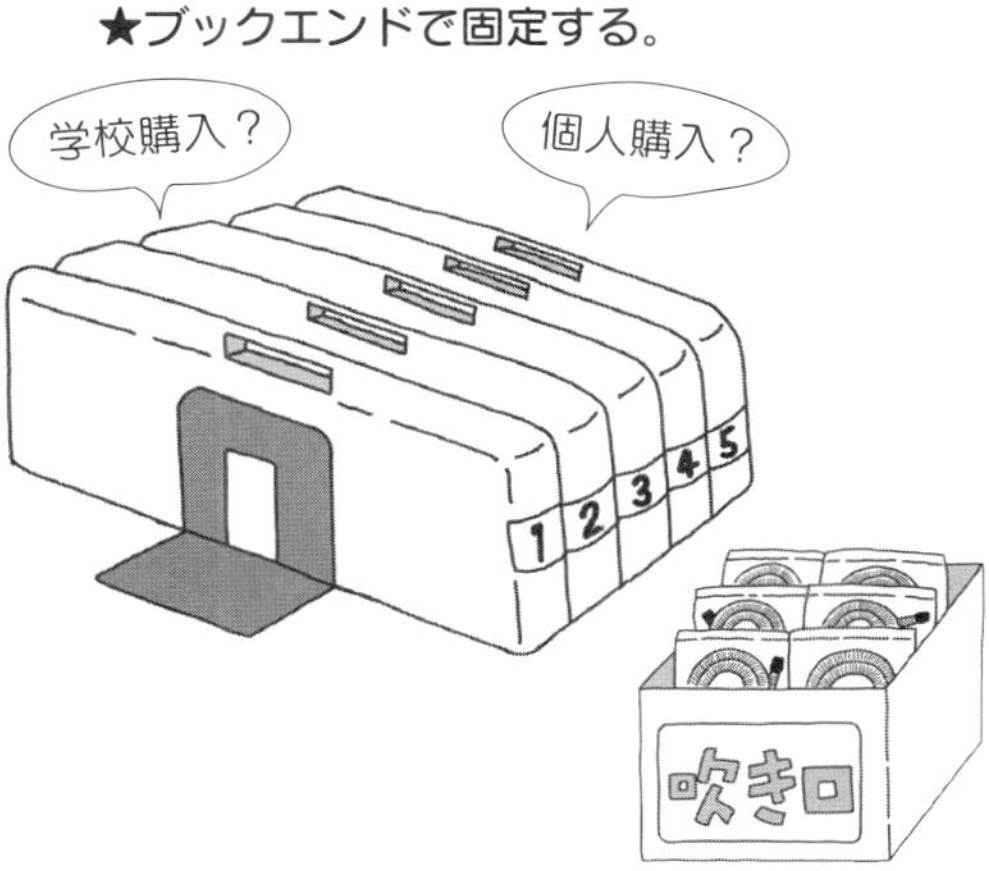

お道具箱

【特性】

昔は厚紙でできた箱型のものが多かったが、最近はプラスチック製のものや、浅い蓋が付いたものなど、さまざまなタイプのものがある。机の中に左右に入れて引き出しのように使うことが多いが、机のメーカーによっては左右に入れることができない場合がある。整頓ができていない子は、道具を出すときに時間がかかったり、うまく出せずに落としてしまったりする。

1 オススメの収納法

道具を入れる際、個人によって色鉛筆やクレヨンなどのサイズが違うため、入れ方を統一することは難しいです。そのため、入れ方のポイントを指導しておきましょう。たとえば大きいものは底の方に入れて、上から見て何が入っているかわかるようにしたり、よく使う小物（のりやはさみ）は、手前に置いたりするように教えます。そのあと、一斉に整理整頓をさせ、その後一人ずつ確認していきましょう。

❷もし可能ならば

1カ月に1回程度、整頓されているかどうか点検するようにしましょう。その時に再度入れ方を確認したり、プリントやゴミが入っていないかを見て整理させたりします。そうやって片付けの習慣を身につけさせていきましょう。私は点検の際、「◎」「○」「△」などと言って評価し、○以上は机の中にしまってもいいことにしています。

浅い方（蓋）に教科書やノートを入れることで、バラバラになったり、プリント類がグチャグチャになったりすることを防ぐことができます。また、持ち帰り忘れを防ぐために、帰る用意をする時に、蓋ごと机上に置かせます。本人も教師も、一目で確認することができるので、特に低学年の子どもたちにはオススメです。

学習プリント・ファイル

【特性】

子どもたちの机の中は、学年が上がるにつれて中身が増えていき、余裕がなくなる。そうすると、プリント類は薄いため、グチャグチャになりやすい。また、Ａ４やＢ４のプリントを半分に折る時に、きれいに折れない子や、適当に折ってしまう子がいる。

1 オススメの収納法

年度当初にプリントの折り方を指導しましょう。私は始業式当日、手紙を配布した時に行っています。「角と角をそろえて折りましょう」「おうちの人が見やすいように、書いてある面を外側にします」と声をかけます。そして、一人ずつ確認をして、ＯＫが出たら連絡袋に入れてもいいとしています。２枚目以降は、隣の子同士で確認をさせます。

ていねいに折ることが定着するまでは、最初の1週間程度、確認し、その後は折り方が気になった時に再度指導するようにします。

また、A4サイズのクリアファイルを一人1枚用意して個人に持たせて、プリントは返却されたらすぐにそこに入れるようにさせます。クリアファイルをA4サイズにすることで、B4サイズのプリントだけ折れば良いため、楽ですし、時間短縮にもなります。入れる時は上下をそろえて入れるように指導しておきましょう。

★B4サイズは二つ折りで！

❷ もし可能ならば

クリアファイルは、予算の関係で学校で用意するのが厳しい時には、個人で用意させましょう。できるだけA4を用意してもらえるよう、学年だより等でお願いをすると、サイズがそろって指導しやすいです。

机

【特性】

子どもたちが帰ったあと机がグチャグチャ、ということがある。また、机と机の間が狭いと、通りにくかったり、机にぶつかってもめごとの原因になったりする。「整頓をしましょう」と言っても、上手にできない。縦と横をそろえるということは、特に低学年の子どもたちにとってはとても難しい。

① オススメの整頓法

入学式前・始業式前に、通る幅、前後左右のスペースなどを考えて固定する場所を決めます。私は、子どもたちが座った場合や立った場合を想定してイスを出し、通りやすいようにしてから机の場所を決めています。決めたら机の脚のところにマジックで印をつけましょう。掃除の時はもちろん、下校直前には「机の整頓をしてください」と日直に言わせ、自分たちで整頓してから帰らせるようにすると楽です（グラビア参照）。

班の形にした時に、イス同士がぶつかってもめることがあります。それらを避けるためにも、班の形にした場合の目印もつけておくと良いでしょう。その際、マジックの色を変えて、班の中央に＋マークを書いておくとシンプルで良いです。

机のメーカーによって脚の位置が異なるため、席替えをしたあとは、子どもたちに目安であることを伝えておきます。マジックで書いてもどんどん薄くなっていってしまうので、時々書き直す必要があります。

❷それが難しい場合は

床にマジックで印をつけることがNGな場合は、シールやテープを使いましょう。ただし、床に貼ってもすぐにはがれてしまうので、前後左右の壁に、机の前や左右を合わせる目印としてつけておくと良いでしょう。

コラム ③

「文房具貸します」

①レターケースに貸出用文房具を

「筆箱を忘れました」
「消しゴムがどこかに行ってしまいました」
「使っていたらのりがなくなりました」
「新しいノートを用意するのを忘れていました」

こういうことが日に何回もありませんか?

しかも子どもたちは授業の途中で言いに来ることが多いため、授業が中断してしまいます。

そこで私は、レターケースに子どもに貸し出すための文房具を用意しています。入れているものは、鉛筆、赤鉛筆、消しゴム、サインペン、色鉛筆、クレヨン、のり、はさみ、ものさしなどです(グラビア参照)。

レターケースから借りる時には、教師に声はかけずに、連絡帳に記入をしたあと教師の机上に提出をしたら取ってもいいことにしています。そうすれば、対応する時間を省くことができます。忘れたという事実は、連絡帳を見ればわかりますし、おうちの人にも確認してもらうことができるので、一石二鳥です。

②自分で考えさせる良いチャンス

その日に返却することや、借りた鉛筆は、削ってから返すということも最初に指導しておきます。返却する時は、たいていが休み時間などになるため、きちんとお礼を言ってから元の場所にしまうように伝えます。忘れものが何回も続くようなら、この時に指導しましょう。その場合、「次は持ってくること」と言うのではなく、「いつまでに持ってくるの?」「忘れないようにするためにはどうするの?」などと質問し、本人に考えさせることが大切です。

③ノートのコピーも常備

また、私は、ノートのコピーも用意しています。ノートは早めに用意しておくよう、子どもたちに伝えたり、学年だよりで保護者の方にも伝えたりしていますが、用意が間に合わない子や忘れる子がいるからです。

用意しているのは「国語ノート」、「算数・理科・社会ノート（10ミリ方眼）」そして「連絡帳」の3種類です。あとからノートにそのまま貼ることができるよう、名前を書く欄を作ってノートと同じサイズで印刷をしたあと、上下左右を少しずつカットしておきます。そして、クリアファイルや封筒などに、種類ごとに分けて入れておきます（グラビア参照）。コピーを渡した子には、家に帰ってから自分のノートに貼るように指導します。

ちなみに、欠席した子どもに連絡帳を記入して友だちに届けてもらうことがあります。その時のメモも、ここから取るようにさせています。

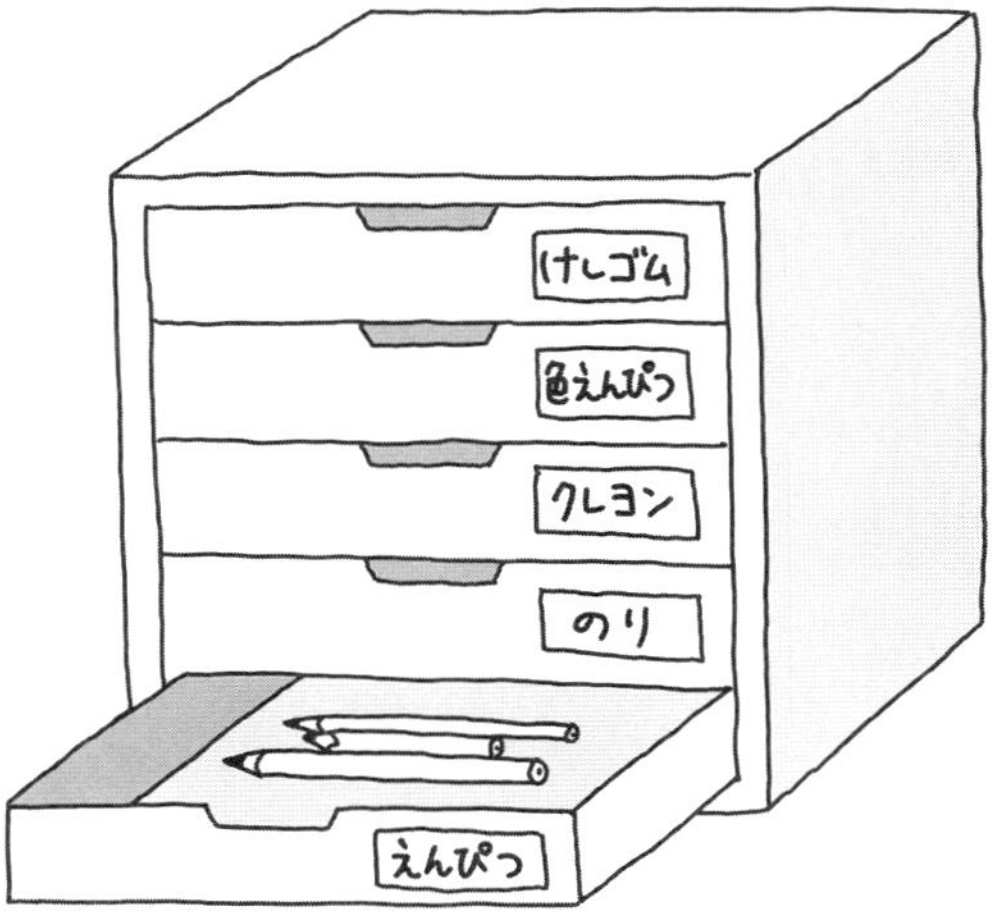

コラム④

筆箱のルールは学年で

折りたたみ式のものさし、かざりがついた鉛筆、においい付きの消しゴムなど、ファンシーショップなどで見かける、特に女の子が欲しがりそうな文房具。これらが筆箱の中に入っていると、どうなるでしょうか？　そうです、遊び道具になってしまいます。そこで、学年の始めに、学校に持ってきても良い文房具について、「学習に集中することができるシンプルなものを用意する」ことを子どもたちに話し、学年だよりなどで保護者の方にも知らせておきます。また、これらは、コンパスや分度器を用意する時にも伝えておきます。

高学年になると、シャープペンシルや赤ペンを使いたいという子どもたちが出てきます。それらについては、学校や学年でルールを決めておくと、不満を防ぐことができます。

筆箱についても、ペンケース型のものからポーチ型のものまで、また、素材も布や缶、プラスチックなど、さまざまあります。缶は落とすとうるさく、布は芯が折れたりしやすいです。どういったものが学習に適しているのかを、子どもたちと共に考えてみるのも良いかもしれませんね。

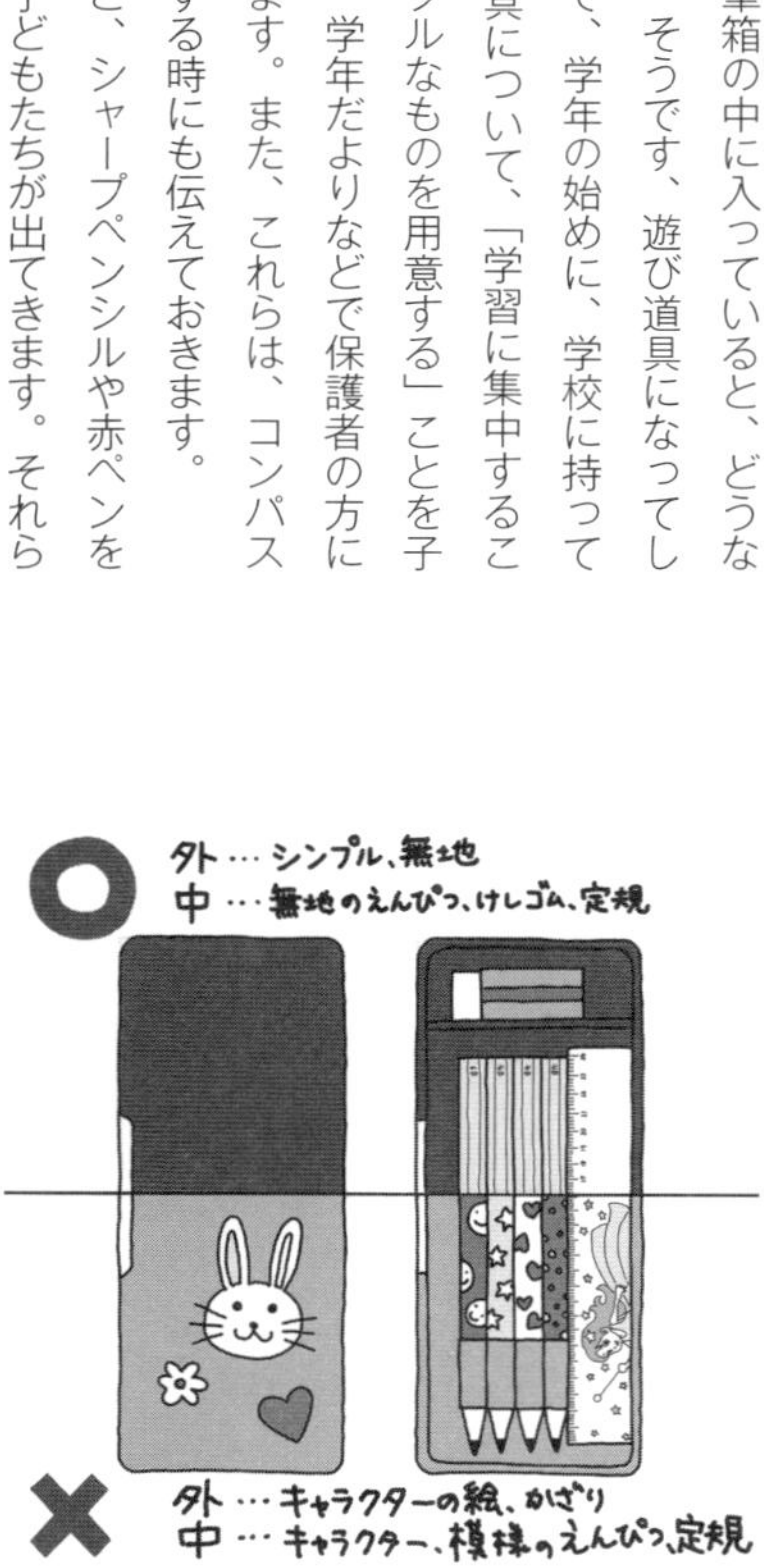

第2章

〈整理・収納のルール②〉身につけるもの

ランドセルと給食袋

【特性】

個人用ロッカーのほぼ大半をしめるサイズ。最近は縦長タイプのものだけではなく、横長タイプのものもあり、同じようにそろえることはできない。朝の用意ができれば、ランドセルの中は空になるため、その中に帽子や上着を入れておくこともできる。

1 オススメの収納法

〈ランドセル〉個人用ロッカーにどの状態で入れるのかを指導しておきます。背負った時に下になる（金具がある）部分が手前にあると、バラバラに見えて統一感がないため、上になる部分を手前にして置かせると見た目がそろいます。また、背中の部分をロッカーの下の面に合わせるのか、側面に合わせるのかも決めておきましょう（これはロッカーの形にもよるため、他に何を入れさせるかによって判断すると良いです）。

〈給食袋〉朝登校してきたらすぐにランドセルから外し、机の横にかけさせます。

こうすることで、給食の時間にロッカー前が混むことがありません。給食を食べ終わった子から食器を片付けさせ、その後、自分のランドセルの横に付けさせます。そうすると、持ち帰り忘れを防ぐことができますし、時間差ができるため、混雑することもありません。

❷もし可能ならば

ランドセルの中に普段は帽子を入れさせておき、冬は上着をランドセルの中に入れて帽子は横や上に入れさせるなど、中の空間も有効活用しましょう。

帽子・上着

【特性】

冬になると、上着・ジャンパーを着てくる子どもが多い。イスの背のところにかけておくと、袖や裾が床について汚れたり、子どもたちが移動する時にイスの後ろを通ると落ちてしまったりして、何度も拾わなくてはいけなくなることがよくある。

帽子はランドセルの上に置いておくと滑りやすく落ちやすい。

1 オススメの収納法

〈帽子〉帽子はロッカーに入れさせますが、ランドセルの上に置くと、滑りやすい素材の場合に落ちてきたり、掃除でロッカーを拭くときに中身を出すのに手間がかかったりするため、ランドセルの中に入れさせています。

休み時間、運動場に行く時など一日に何回も必要なら、体操服をかけているフックや、机と机の間のフックにかけさせておくのも良い

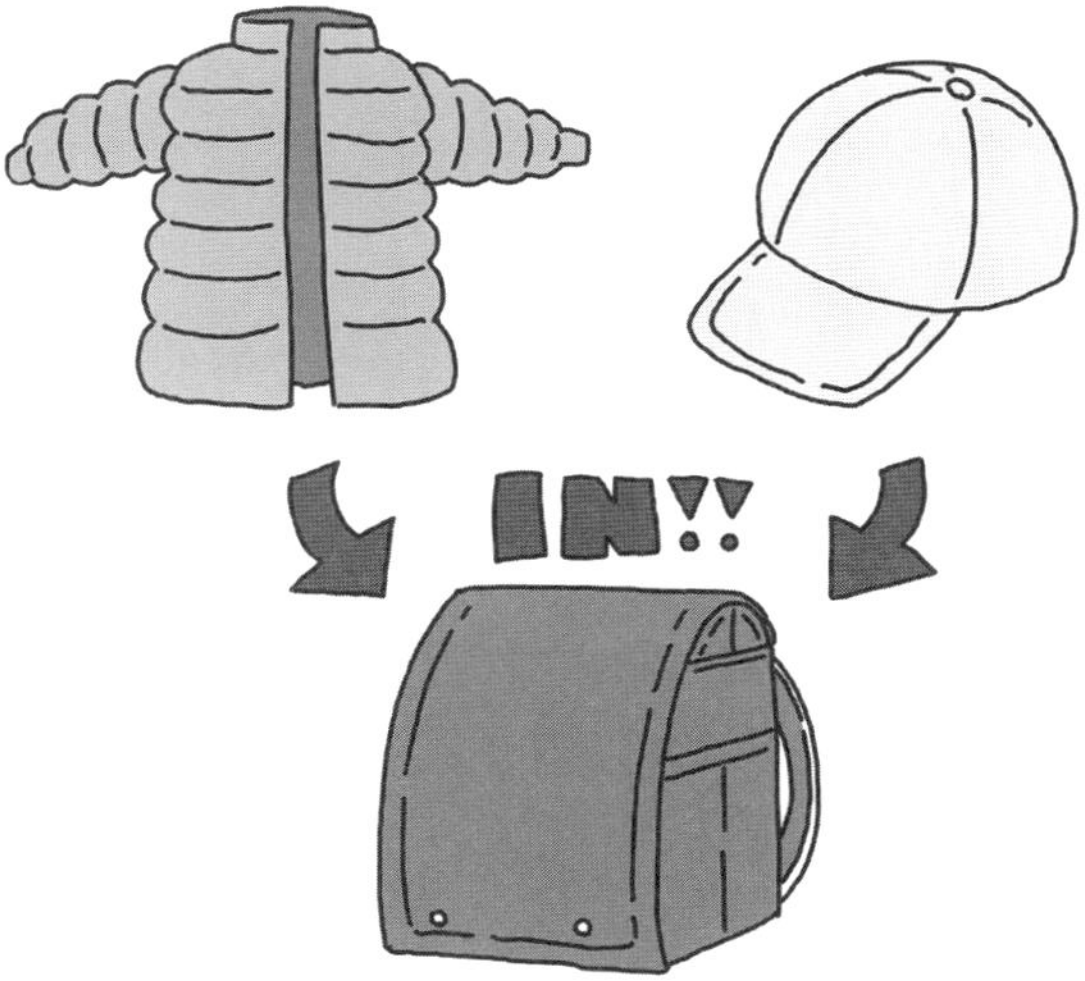

でしょう。

〈上着〉上着は登校後、着用することがない場合は、ランドセルの中に入れさせると、落ちることがありませんし、拭き掃除をする時にも楽です。休み時間に着用してもいい場合には、ランドセルの上に置いておくのが、子どもにとっては楽ですね。どちらにしてもきちんとたたんで入れさせるように指導しておきましょう。たまにチェックすることもお忘れなく。

ランドセルの中に帽子や上着を入れる場合、上着のある季節とない季節で入れ方を変えると良いでしょう。また、体調が悪く、上着を着用したいという子はイスにかけておいても良いことにしておくなど、臨機応変に対応することも大切です。

下足・上履き入れ

【特性】

履き替えるのは主に休み時間の前後のため、急いでいる子どもたちが多く、雑になりがちである。靴箱の手前のラインにかかとを合わせて置かせる方法があるが、これだと入れる時に微妙に調整が必要である。また、週末に持ち帰るように指導していても、忘れて帰る子が時々いる。

1 オススメの収納法

〈下足・上履き〉靴のそろえ方は、たとえば「左端に合わせる」と決めておき、グッと押し込めばいいようにしておくと、一発で置くことができ、全体的にもそろっている感じが出ます。

〈上履き入れ〉週の始めに回収し、ダンボール箱などに入れておくと良いです。週末、帰る用意をする時に教室で配布し、その日の

「さようなら」は教室で行わずに、下駄箱前ですると良いでしょう。「さようなら」は必ずしも教室でしなければいけないわけではないので、たまには気分も変わって良いのではないでしょうか。

❷ それが難しい場合は

ああっ、ちょっとずれた……
手前だと微調整が必要

指導をしていてもなかなかきちんと入れることができない子どもには、「どうしたらきれいに入れることができる？」と本人に尋ね、実践させてみます。ある子は、「メモを貼っておく」と言ったのでさせてみたところ、意識して入れるようになりました。定着したころにメモを外させましたが、そのあともきちんと入れることができるようになりました。「自分で考えて実践させる」ことは、教師が指導するよりも効果があるのかもしれませんね。

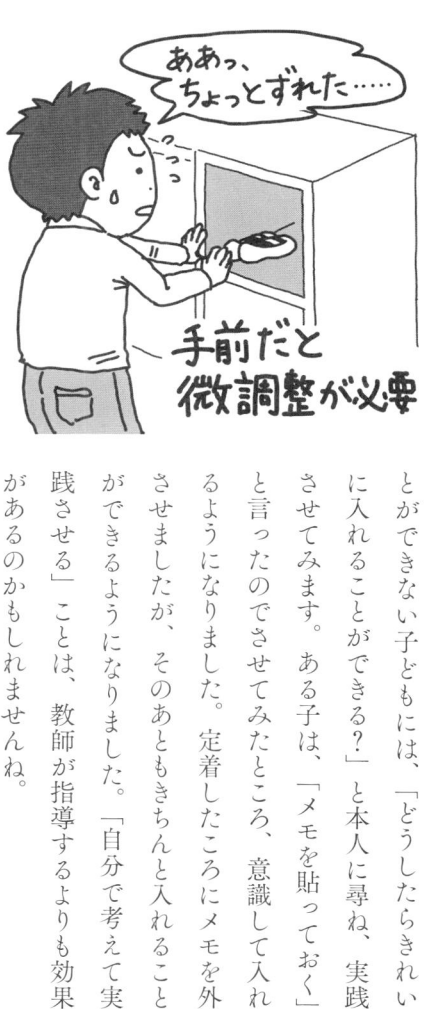

体操服・水着

【特性】

ひもが長すぎると床について汚れたり、足にひっかかってこけたりする。壁のフックにかけると重なって場所をとり、当たって落ちることがよくある。また、持ち手がひも状のものではない場合、小さめのフックだときちんとかけることができずに、落ちやすい。

①オススメの収納法

教室の壁のフックに一列にかけさせます。あらかじめひもが長すぎないようにフックから床までの長さの目安を保護者に伝えておきましょう。また、持ち手は太くて平たいテープ状のものよりも、ひも状のものの方が落ちにくく、汚れにくいことも伝えておきましょう。フックは出席番号の偶数と奇数で高さを変えておくと、体操服が重なって道をせまくすることを防ぐことができます。体操服と水着は同じフックにかけておくとかさばるため、どちらかを別の場所に移動させるようにしましょう。

② もし可能ならば／それが難しい場合は

水泳学習が始まると、体操服を使う機会が減り、水泳学習があった日は必ず水泳バッグを持ち帰らせなければなりません。持ち帰り忘れを防ぐため、水泳バッグは給食着をかけているフックに重ねてかけさせておくと、真っ白な給食着の上にある水泳バッグは目立つので、一目瞭然で残っているのがわかります。また、残っている水泳バッグは、早く帰る用意ができた子に配らせるようにしておくと、持ち帰り忘れを防ぐことができ、さらには「さようなら」をする時刻を早めることもできます。みんなで協力する姿勢を身につけることもできますね。

水筒

【特性】

ストラップが付いているため、机の横にかけておくと足にひっかかってケガをする可能性が高く、床について衛生的にも良くない。また、個人用ロッカーや本人の手提げ袋の中に入れておくと、蓋がきちんとしまっていない場合に、中のものが濡れてしまい、後処理が大変になる。

❶ オススメの収納法

ダンボール箱やかごを用意しておき、そこにまとめて入れさせておくと、もしお茶がこぼれたとしても、ダンボール箱を換えたり、かごを洗ったりするだけでいいので便利です。一つの場所にかたまっていることで、持ち帰り忘れを防ぐこともできますし、同じ号車や班の友だちの水筒を一緒に持っていって渡してあげることもでき、「さようなら」の時刻を早めることにもつながります。さらに、箱やかごを机の号車や班ごとに用意して、ロッカーの上にばらけて置いておくと、子どもたちがかたまらず、スムーズに水筒を取ったり、片付けたりすることができます（グラビア参照）。

❷ それが難しい場合は

★班またはユニットごとに。

ロッカーの上に置くことができない時やロッカーに余裕がある時には、ロッカーにまとめて入れておいても良いですね。その場合には、ひもなどがロッカーの外に出ないように指導しておきましょう。

箱やロッカーを用意する場合でも、持ってくる子どもの人数が減ってきた時には、個人用のロッカーに入れるようにさせて、空いたロッカーは別のことに有効活用しましょう。

コラム⑤

週末の持ち帰り忘れ防止のために

子どもが帰ったあと、教室を見渡すと、持ち帰り忘れがあることに気がついた、ということはありませんか？　私はよくありました。それらをなくすために取り組んでいる方法を紹介します。

①上履き

持ち帰り忘れが多いのが上履きです。それは「さようなら」をしたあとに履き替えるためです。私の学校では教室前の廊下に下駄箱があるのですが、週末だけ特別にして、帰る用意ができた子から下足に履き替えさせて、上履きを袋に入れて机上に置かせています。そうすると、「さようなら」後に一斉に下駄箱の所に行って混雑するということを避けることもできます（もちろん、普段は教室内に土足で入るのはＮＧです）。

②体操服

週末に持ち帰らせることが多いですが、そうすると給食着や上履きもあり、持ち帰りの量が多くなってしまいます。かさもあるため、低学年の子どもたちは大変です。

そこで、体育が金曜日にない場合には、木曜日に持ち帰らせています。ある保護者からは「金曜日は洗濯物がいっぱいだから、木曜日に持ち帰らせてくれるのはとてもうれしい」と言っていただきました。子どもも楽だし、親も助かる。一石二鳥ですね！　クラス遊びで使用するために赤白帽子だけを置いて帰らせることもあります。ただし、低学年の場合だと、服を汚してしまった時に着替えさせることがあるので、そんな時は週末が良いのかもしれません。

運動場や体育館の割り当ての関係で、体育を金曜日に設定せざるを得ない場合もありますが、割り当て表に余裕があり、体育の時間を動かすことが可能であるならば、それも検討してみてはいかがでしょうか。

③給食着（エプロン）

普段は教室内にあるフックにかけていますが、週末は給食着を脱いだ時に自分のロッカーにしまわせるようにしています。

さまざまな工夫をしていても忘れてしまうのが子どもたちです。私は、自分の帰る用意ができた子から、友だちの用意を手伝うように指示しています。みんなで協力するという姿勢を身につけることもできます。もちろん、友だちにお礼を言うことの指導や教師がほめることもお忘れなく。

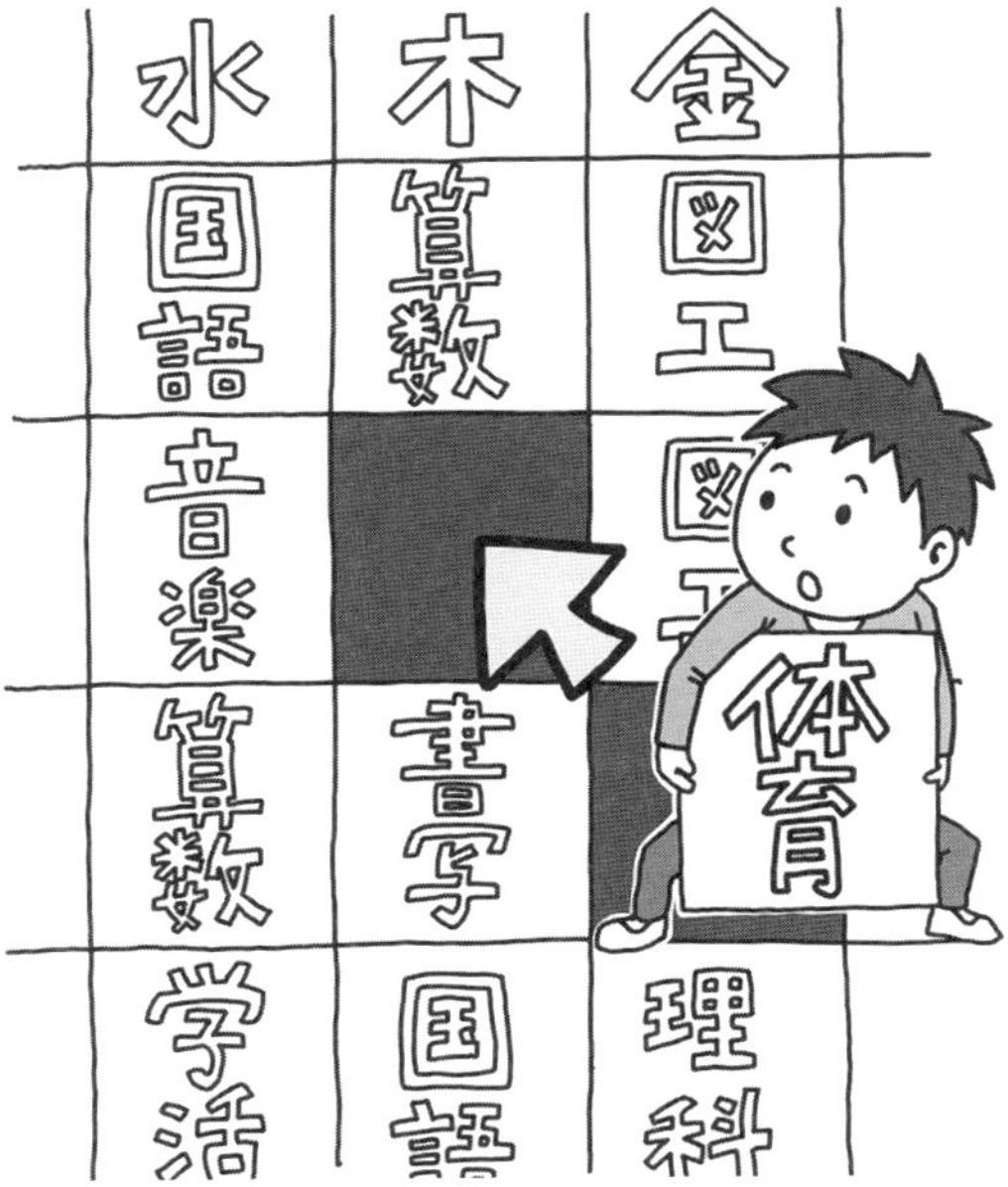

コラム⑥
ラミネートで作るふせんカード

何かをラミネートするとき、周りが余ってしまうことはありませんか？　私はその余ったスペースにふせんを入れてラミネートし、カットして使っています。ふせんの良いところは、裏にのりが付いているため、シートの間で動かないというところです。

オススメは、そのふせんで子どもたちの名札カードを作成し、子どもたちに数枚ずつ持たせること。係など何かの担当を決める時、自分の考えを黒板に表す時、水やりなどの課題が終わったことを示す時、進度（ドリルやのぼり棒でのぼれるようになった高さ）を表す時、掲示物に所属を示させる時（会社活動など、出入りが自由な活動の時）、くじ引きのように使う時など、多くの場面で活用することができる優れものです。

ふせんだけではなく、かわいいメモやカードもラミネートしておくと、ちょっとしたメッセージ（節電、大切に使いましょうなど）を掲示したい時などにも使えます。ラミネートの上から書いた文字はティッシュなどでこすると消えるため、再利用も可能です。付録に見本があるのでイメージの参考にしてください。

余ったスペースにふせんやかわいいカードを入れてラミネート

第3章

〈整理・収納のルール③〉
外で使うもの

傘

【特性】

傘はボタンなどで留めていないと広がって傘立てに入れにくく、取り出す時に他の傘の持ち手にひっかかって取り出しにくい。名前を書いていなかったり、自分の傘だと認識していなかったりする子もよくいて、全体に「誰の傘？」と聞いても、本人は自分のものだと気がつかず、いつまでもそのままということがある。

① オススメの収納法

一本一本入れることができる傘立ての場合、枠に出席番号のシールを貼っておき、1年間同じ場所に入れさせるようにしています。そうすれば、傘をきちんと閉じていない子や、持ち帰るのを忘れている子がいたとしても、「だれの傘？」と声をかけて名乗り出てくるのを待たなくても個人を特定できるため、時間をかけずに本人に渡すことができます。

時々チェックをして傘がきちんと閉じられているか、確認するようにしましょう。必ず持ち帰らせたい場合には、傘立てのところまで全員で移動し、取らせたあと、そこでなくなったことを確認してから帰らせると良いです。「さようなら」は教室でするもの、という固定観念を捨てて、臨機応変に対応すると良いでしょう。

❷ それが難しい場合は

いくつかのかたまりごとに入れる傘立ての場合にも、ユニットを活用して入れる場所を固定しておくと、全体的にではなく、狭い範囲でたずねることができます。

教室の前に傘立てがある場合、帰る用意ができた子から教室の中に傘を持って入らせるという方法もあります。早く帰る用意ができた子に配ってもらうと、「さようなら」を早くすることもできます。

とびなわ

【特性】

小さくてコンパクトだが、まとめて箱などに入れてしまうと他のなわと絡んでしまうことがあり、教室内のフックにかけておくとくくった輪にひっかかってケガをすることがある。なわとびの学習時に、「なわとびカード」を用意して、さまざまな技や回数に挑戦させることがあるが、そのカードが風で飛んでいってしまうことがよくある。

1 オススメの収納法

冬になると体育の学習で使用することが多いと思います。休み時間に練習する子どもたちもいるため、持っていきやすい下駄箱の中に入れさせておくのがオススメです。その際、入れる場所は「靴の右側に置く」とか、2段になっている下駄箱なら「上の段に置く」などと決めておくと良いでしょう（グラビア参照）。

「なわとびカード」がある場合は、筆記具ととびなわとカードをセットにして探険バッグに入れたり、目玉クリップでとめたりしておけば、風で飛ばされることを防ぐことができます。

★ひっかかるとケガをするので住所を固定！

❷ それが難しい場合は

下駄箱にスペースがなく教室内に置く場合は、個人用ロッカーに入れたり、体操服のフックにかけたりすると良いでしょう。もしも机の横のフックにかけさせる場合には、通路側ではなく、隣の友だちとの机の間にかけるようにすると、ひっかかってケガをすることを防ぐことができます。

遊び道具（ボールや長縄）

【特性】

学級に配られているボールには限りがあるため、休み時間になると取り合いになってケガをしたり、けんかにつながったりすることがある。担任の目の届かないところにある場合、返却されずに行方不明になってしまっていてもすぐに気がつかないということもある。

1 オススメの収納法

遊び道具を置く場所は教室内だと狭く、早く取ろうと走っていくとぶつかってしまうことがあるため、スペースがある場合にはダンボール箱などに入れて廊下に置いておくと良いでしょう。ケガや紛失を防ぐため、教師の目の届く場所に置くことが大切です。道具はダンボール箱などに入れておき、道具の種類や数を明記するようにしましょう。

❷ もし可能ならば

ケガやもめごとを防ぐために、ボールが二つあるなら「男子用」「女子用」とボールに書いておくと良いのではないでしょうか。これは、「男子用」は男子だけが遊ぶためのボール、という意味ではなく、男子が優先して持っていくことができるボールであり、女子も一緒になって遊ぶことももちろんＯＫということにしておきます。日によって、男子優先・女子優先や、○班優先という方法も良いかもしれません。

時々、誰が遊び道具を教室まで持って帰ってくるのかでもめることがあります。私は、持っていった人が責任をもって、持って帰ってくるように指導しています。みんなが楽しく遊ぶことができるようにするためにはどうしたら良いのか、子どもたちで話し合ってみるのも良いですね。

雑巾

【特性】

雑巾を掃除で使う場合、机の上やロッカーの中を拭くこともあれば、下駄箱の中を拭くこともある。いくら毎回洗うといっても、きれいなものではない。そして使用後は濡れているため、干しておく必要がある。また、汚れているため、いつも目に入るところには置いておきたくない。

① オススメの収納法

〈個人用の雑巾〉図工や習字のあとなど、自分の身のまわりのものを拭く時には、個人用の雑巾を使用させましょう。机の前にかけるところがある場合には、大きめの洗濯バサミを用意させて図のようにとめます。かけるところがない場合には、ひもの先に小さい洗濯バサミをつけたものを二つ用意させ、イスの棒の部分につけて干す方法もあります。隣

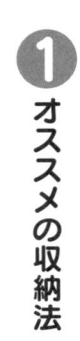

の子にかけてもらっても良いでしょう（グラビア参照）。

〈共用の雑巾〉掃除で使用する場合、机の上や黒板など拭く場所によって汚れ方が違います。そこで、場所ごとに専用の雑巾を用意して、油性ペンで掃除場所を記入しておきます。油性ペンで書いた文字は汚れると見えなくなってしまうため、その面では拭かないようにしたり、仕上げの時だけ使うようにすると良いでしょう。また、雑巾かけにもビニールテープに場所を記入して貼り、かける場所（住所）を決めておくと、きちんとかけられていなかったり、水の絞り方が甘かったりした時に、個別に呼んでやり直しをさせることができます（グラビア参照）。

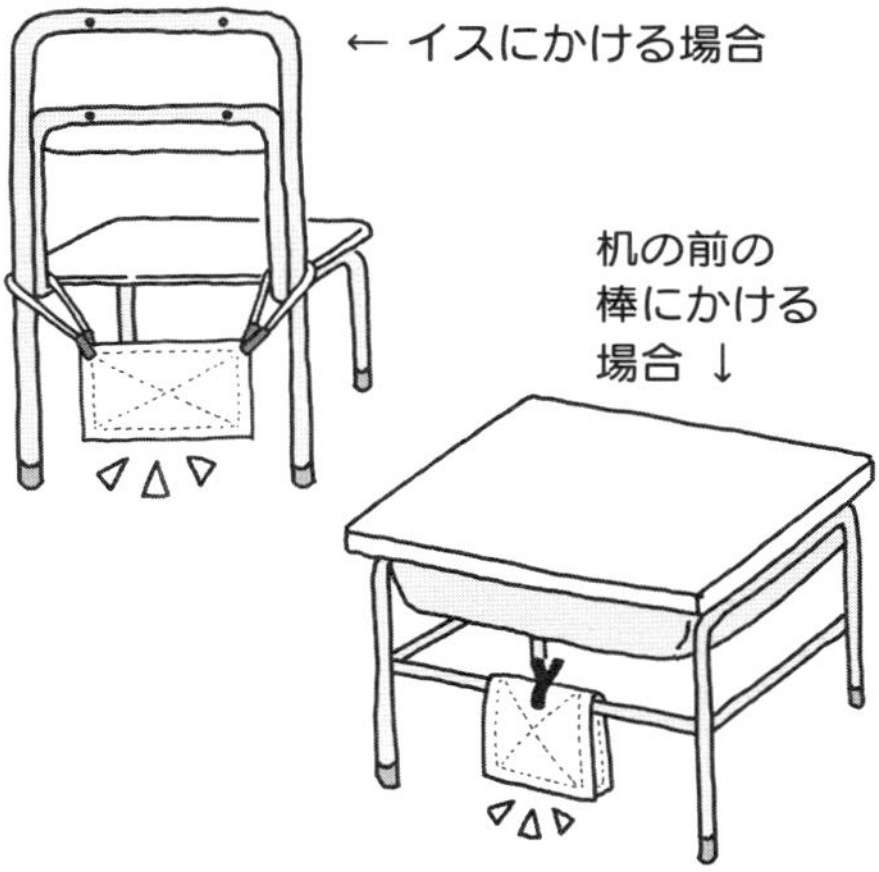

〈牛乳用の雑巾〉給食時に牛乳をこぼしてしまうことがあります。牛乳を拭いたあとの雑巾は、翌日には異臭を放ちます。私は、古くなった雑巾をためておき、それを使用しています。洗ったあとはビニール袋に入れて捨てます。

コラム⑦

学級文庫のひと工夫

みなさんの教室には、学級文庫はありますか？ある場合は、その教室に元から置かれている本ですか？　それとも教師個人の本を並べていますか？

私は教室にある本を、朝の読書の時間や、課題が早く終わった時の時間調整に使用しています。同じ本を何度も読むことも良いのですが、子どもたちの中には飽きてしまう子がいたり、多くの本に出合わせたりするためにも、学期ごとに他のクラスと（単学級の場合には、低・中・高学年ごとに）交換しています。

市区町村の図書館に「〇年生向けの本△冊」とお願いをすると選書して貸し出してくれる場合もあるので、ぜひ利用してみてください。司書の方が選んだ本ですし、このことがきっかけで図書館に通う子が出てくるかもしれません。

廊下に机を用意して、その上に教師や子どもたちのオススメの本を置いておくことも、多くの本に触れさせることができる方法です。また、物語の最初の部分を読み聞かせ、それを学級文庫に入れておくことも、読むきっかけにつながるのではないでしょうか。

第4章

〈動線のルール①〉

給食・掃除時間の動線

給食時間の動線とルール

一日の中で子どもたちがいちばん楽しみにしているのが給食の時間。そのため、はしゃぐ子がいたり、食べるのに時間がかかる子がいたりと、非常に落ち着かない時間です。

1 当番の動線とエプロン着脱のポイント

給食の時間がスタートすると、みんなが一斉に手洗い場に行ってしまい、当番がなかなか集まらないということがあります。私はそれを避けるため、当番の子と当番ではない子の準備の順番をずらすようにしています。

たとえば、当番の子は、机やナフキンを用意したあとにエプロンを着させ、そのあ

給食当番の子どもたち	給食当番ではない子どもたち
①エプロンを袋ごと自分の席に持っていく ②自分の机を班の形にする ③ナフキンを用意する ④エプロンを着る	①手を洗う
⑤手を洗う	②自分の机を班の形にする ③ナフキンを用意する ④自分の席で静かに待つ （読書・間違い直しなど）
⑥静かに廊下で並んで待つ	
⑦教師と一緒に給食室へ行く	
配膳・いただきます	

と廊下に出て手を洗って並ばせます。

一方、当番ではない子は手を洗ってから机やナフキンを用意させ、そのまま席で待たせます。移動する時間をずらすのです。

なお、学校によって、エプロンをA：個人で固定して使用させる場合と、B：配膳するもので固定する場合とがあると思います。Aはサイズを個人に合わせることができますが、何を配膳するかは、表などで確認する必要があります。Bはエプロンを取る時点で何を配膳するかがわかっているので、給食室でスムーズに食缶などを受け取ることができるようにサッと並ぶことができます。

当番のエプロンが入っていた袋は、着用中はポケットに入れさせておきます。フックに戻すと混雑するし、机上に置かせておくと配膳しにくいためです。

当番の仕事が終わった子は、教室の後ろでエプロンを脱がせます。そうすると、どこかにぶつかったり、配膳する人の邪魔になったりすることがありません。脱いだエプロンは袋に入れてフックに戻させますが、週末だけは持ち帰り忘れを防ぐために、個人用ロッカーに入れさせます。

2 当番が給食室に取りに行く時の並び順

給食室でサッと自分の担当のところに行けるよう、動線を考えた上で並ぶ順を決めます。そのまま通り抜けられる給食室の場合は、遠くにあるものの担当は先頭に、近

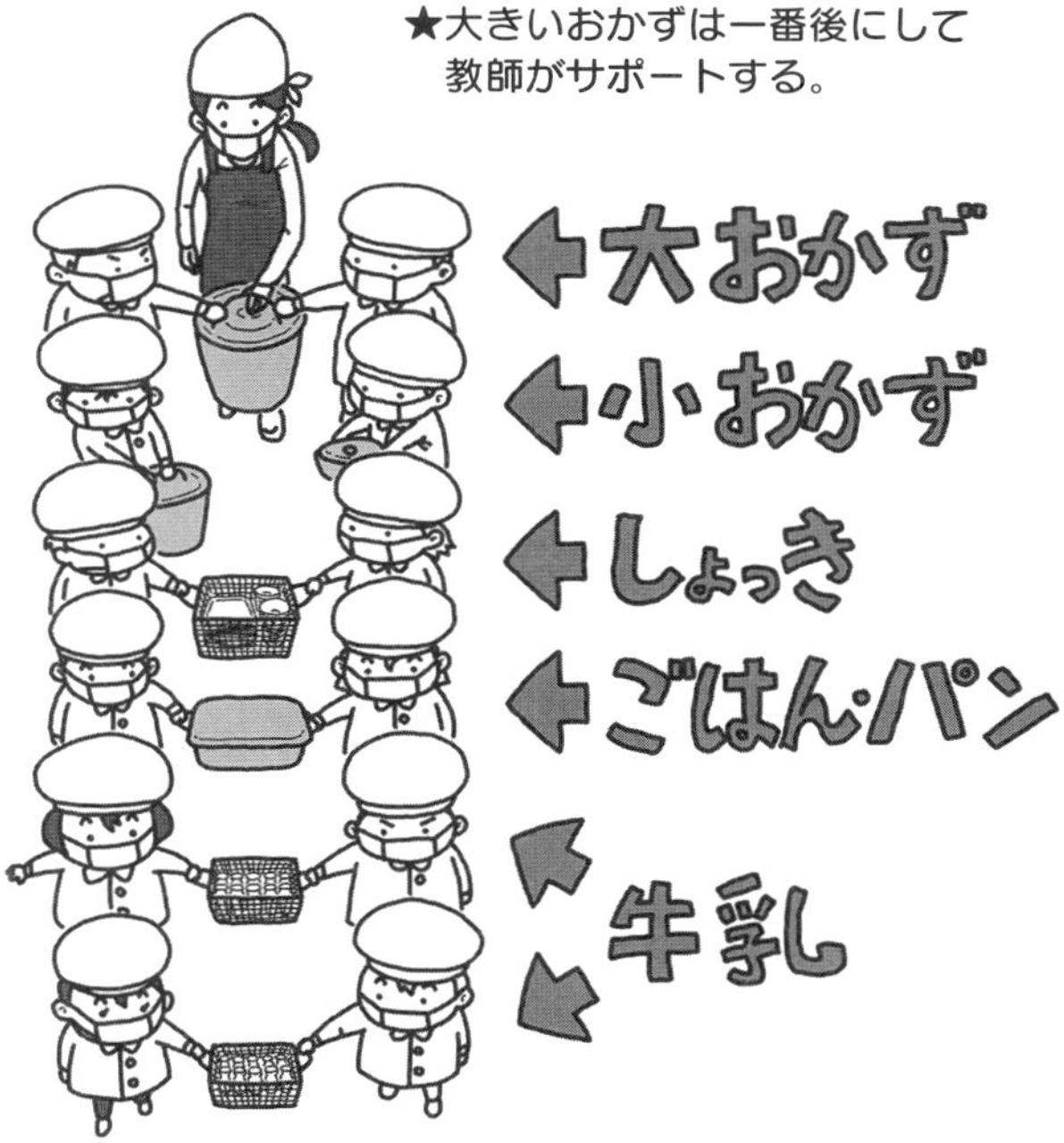

★大きいおかずは一番後にして
教師がサポートする。

くにあるものの担当は後ろに並びます。通り抜けることができない給食室の場合は、取りに行く時と取ったあとでは先頭が逆になるように並びます。

教室に戻る時は食缶を持った順に並びますが、大きいおかずはやけど防止のため最後とし、教師が手を添えるなどして全体を見ながら運びます。

3 給食を食べる時間はメリハリを

給食のあとの昼休みなどに、牛乳のキャップ、特にビニールの部分が教室の床に落ちていることがよくあります。そこで私は、「いただきます」をしたらすぐに1班からビニール袋を回して、そこに入れさせるようにしています。最後の班は教師のキャップを回収してから配膳台に置きます。

また、時間内に全員が食べ終わるように、「ごちそうさま」の前5分間は「もぐもぐタイム」として、おしゃべりをせずに食べることにしています。

給食の開始時刻が遅れる日や、いつもよりも早く終了しなくてはならない日がありま す。しかし、日によって「ごちそうさま」の時刻が変わると、「今日は何時?」と聞いてくる子がいるので、私は「もぐもぐタイム」と「ごちそうさま」の時刻を書いたものを数種類用意しておき、黒板に貼っています。

早く食べ終わった子には、やるべきこと（プリントの直しなど）があれば、この時間を使ってしても良いことにしています。特になければ、自分の食器や給食袋を片付

けたあとに、友だちの食べ終わっている食器を片付けて回ります。こうすることで、片付ける時間を短縮することができます。

片付けてもらった子は片付けてくれた子にきちんとお礼を言うように指導するのも忘れずに。

食器の返却の際は、きれいな状態で返却できるよう、食べ終わった食器を同じ班の2人に確認してもらい、OKをもらったら返却してもいいことにしています。

4 減らしとおかわりのルール

「いただきます」をしたあと、どうしても全部食べられそうにない子は自分で減らして良いことにしています。あまり残飯が多いと調理員さんにも迷惑をおかけしますし、給食時間後も食べていると衛生的にも良くないからです。そのあと、おかわりタイムを設け、等分できるものは、希望者の人数を数えて分けます。

それでも余る場合には、食べ終わった子からおかわり自由にしていますが、なるべく全員平等におかわりができるように工夫しています。個数が限られているものは、出席番号順に希望をとります。たとえば「今日は牛乳1本、ジャム3個、チーズ2個が残っています。「1番」『ジャム』「2番」『牛乳』「3番」『パス』……そして、全部がなくなったらおしまいにして、次の番号の子どもから次回のおかわりで希望をとります（黒板に小さく数字を書いています）。ちなみに、私も子どもたちの最後に入っておかわりをしています。

おかわりの盛り付けは、基本的に私がやっています。小さなことですが、私は右利

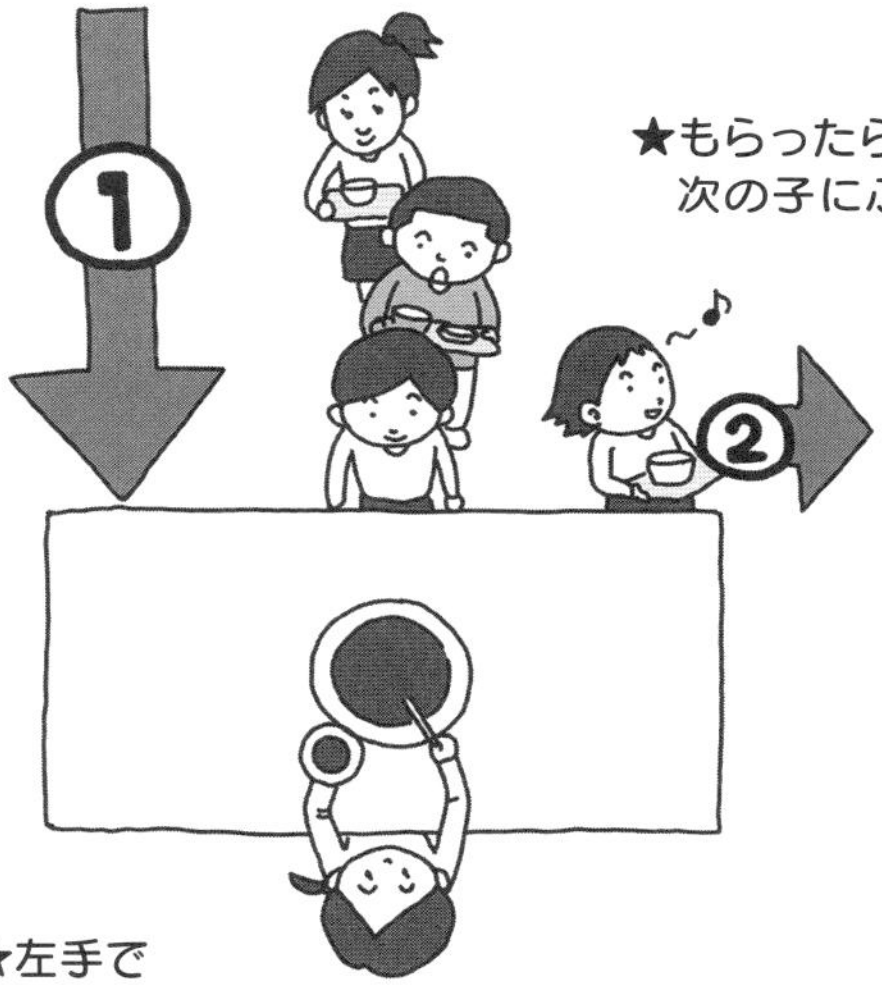
①
★もらったら左に行くと
次の子にぶつからない。
②
★左手で
お皿を受け取る。

きなので、おたまを右手で持ちます。そのため、左手でお皿を受け取れるように、入れてもらった子は左に行くようにお願いしています。そうすると、次の子にぶつかることを避けることができますし、スムーズに配膳することができ、食べる時間を確保することができます。

年度途中からは、子どもたちにおかわり係をさせています（学年にもよりますが）。それができると、出張や年休などで担任がいない日にも、子どもたちだけでおかわりができるようになります。

掃除時間の動線とルール

放っておくと、おしゃべりをしている子、遊んでいる子、けんかをしている子と大変な状態に。「手順」「分担」「用具」の3つの要素に分けてルールを考えます。

1　掃除用具の配置と手順のポイント

教室と教室前の廊下以外にも、一つの学級が複数の場所を担当していることが多いですよね。掃除の時間が始まってみんなが教室の掃除用具ロッカーに集まると混雑し、取り合いが起きることはありませんか？　もめごとが起きると、指導をしなくてはいけなくなります。

それを防ぐために、私は可能な範囲で、掃除場所に近い場所に道具を置くようにしています。これによって動線がシンプルになり、スムーズに掃除を始められます。

クラスの各掃除場所の手順は、私が作成しています。並行してできる作業は何か？それを考えて手順を決めていきます。たとえばトイレ掃除の場合、ほうき担当がゴミを集めている間に、別の子が便器を磨いたり、鏡を拭いたりすることができます。

手順は年度初めに決めて、教室で全員に各掃除場所の掃除の仕方を説明します。その際、手順を書いた紙を拡大して黒板に貼り、それを見ながら説明すると、あとから見た時にもイメージしやすいです（次頁参照）。手順を書いた紙はラミネートをして、各掃除場所に掲示しておくと良いでしょう。
はじめの1週間、掃除の時間はすべての掃除場所を回り、手順通りにきちんとできているか確認し、必要に応じて指導

女子トイレ

★長ぐつにはきかえ、くつをきれいにそろえておく
★ほうきとちりとりで、ゴミを取る
★床にすみずみまで水をかける（外に水が出ないように）
★ブラシで、床をすみずみまでこする
★えつきタワシで、便器をきれいにする
★かめの子タワシで、手洗いをきれいにする
★ぞうきんで、汚れている壁や扉をふく
★水切りで、しっかりと水をきる
★便器のふちをトイレットペーパーでふく
★トイレットペーパーの確認をして、補充する
★ゴミ箱がいっぱいになっていないか確認する
★後片付けをする（道具と長ぐつ）

男子トイレ

★長ぐつにはきかえ、くつをきれいにそろえておく
★ほうきとちりとりで、ゴミを取る
★床にすみずみまで水をかける（外に水が出ないように）
★ブラシで、床をすみずみまでこする
★えつきタワシで、便器をきれいにする
★かめの子タワシで、手洗いをきれいにする
★ぞうきんで、汚れている壁や扉をふく
★水切りで、しっかりと水をきる
★便器のふちをトイレットペーパーでふく
★トイレットペーパーの確認をして、補充する
★後片付けをする（道具と長ぐつ）

していきます。手順が実態に合っていない場合は変更します。次の週は掃除場所が変わります。わかりにくいところや、困ったことがあったらすぐに担任に知らせたり、前の週に担当していた友だちに聞いたりするように伝えています。

新年度、最初が勝負です！　子どもたちが一通り、すべての場所を経験するまではちょっと大変ですが、ここできちんと指導しておくと、あとはとても楽になります。

教室前の廊下

1．ほうきですみずみまではく（マットの下も）
2．ミニほうきで、教室出入り口の扉の溝にたまっている砂をはく
3．ちりとりでゴミを取る
4．ぞうきんで、靴箱の上と中と窓のサンをふく
→きれいに洗ってきちんとかける
5．バケツの水かえをする
6．後片付けをする

教室（ぞうきん）

1．ロッカーの上と中をふく
2．机の上をふく
3．黒板を消す（消していいかどうか考える）
4．黒板消しをきれいにする
5．黒板の下を専用のぞうきんでふく
6．ぞうきんをきれいに洗って、きちんとかける
7．後片付けをする
8．金曜日はゴミをまとめて捨てる（普通ゴミ＆プラゴミ）
→　袋をかける

2 掃除作業は細かく分けて明確に

掃除をせずにおしゃべりをしたり、遊んだりしている子たちを見かけることがあります。なぜでしょうか。掃除の仕方がわかっていないからなのか？ やる気がないからなのか？ 理由はいろいろ考えられますが、とにかくおしゃべりをしたり遊んだりする時間がないようにすれば良いのです。そのために、時間内にちょうど終わるぐらいの掃除の量を考えます。クラスに割りふられた掃除場所を見て、毎日掃除する必要がない（時間を持て余してしまう）と思われる場所については作業を細分化して、曜日ごとに掃除の場所と内容を変えます。

たとえば、月曜日は体育館のモップがけ、火曜日は音楽室、水曜日は体育館前の廊下と靴箱、木曜日は音楽室前の廊下と準備室、金曜日は体育館の中にあるもの（マットや三角コーンなど）の整頓というように。班の数や人数、担当の掃除場所と必要な人数、これらを総合的に考えて分担を決めていくと良いでしょう。

また、「1班は教室掃除」、という風にざっくりとした分け方をしていると、雑巾掃

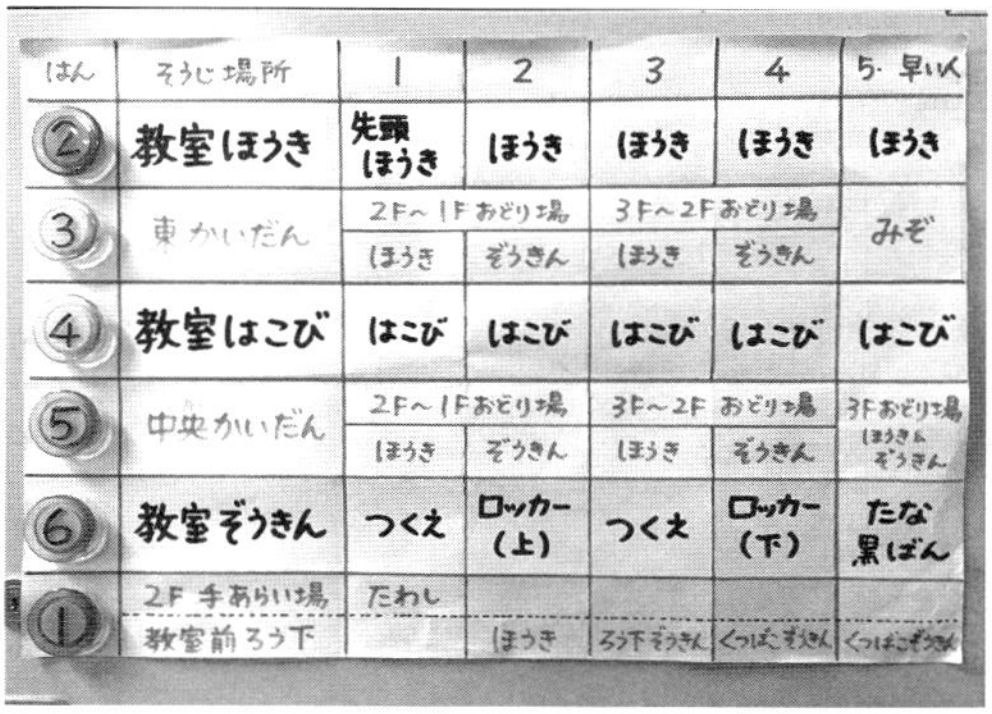

はん	そうじ場所	1	2	3	4	5・早い人
2	教室ほうき	先頭ほうき	ほうき	ほうき	ほうき	ほうき
3	東かいだん	2F～1Fおどり場		3F～2Fおどり場		みぞ
		ほうき	ぞうきん	ほうき	ぞうきん	
4	教室はこび	はこび	はこび	はこび	はこび	はこび
5	中央かいだん	2F～1Fおどり場		3F～2F おどり場		3Fおどり場
		ほうき	ぞうきん	ほうき	ぞうきん	ほうき& ぞうきん
6	教室ぞうきん	つくえ	ロッカー（上）	つくえ	ロッカー（下）	たな 黒ばん
1	2F手あらい場	たわし				
	教室前ろう下		ほうき	ろう下ぞうきん	くつばこぞうきん	くつばこぞうきん

除をするのを避ける子がいます。みんなが平等に掃除をするよう、たとえば4人班の場合、座席の場所によって1～4の番号をふっておき、1・2番は雑巾、3・4番はほうき、机運びなら、1番は1号車、2番は2号車、という風に担当を明確にしておき、曜日ごとに担当を変えると、ほうきの取り合いや、掃除をしていない場所をなくすことができます（写真参照）。

3 掃除用具にはビニールテープ

掃除用具の数は、過不足のないように準備しておきましょう。多すぎるとロッカーの中がグチャグチャになったり、なくなっていても気がつかなかったり、逆に少なすぎると取り合いになったりするからです。

掃除用具にはビニールテープを2枚貼り、すぐに道具を取ることができるようにしています。これもある意味ユニットの活用です。1枚は同じ色のテープにクラス名を書いておきます。もう1枚は掃除場所ごとに色を変えたテープに掃除場所の名前を書いて貼っておきます。こうすることで、道具を取るのに時間がかかったり、「こっちの方が良い！」と取り合いになったりするのを防いで、パッと手に取って掃除場所に行くことができます（グラビア参照）。

ほうきやマットについたほこりを取る時に、百円均一などで売っているビニール手袋を用意しておくと、子どもたちは喜んで使います。使っていいのは片手だけとしておき、たまったほこりを手に持ったまま、手袋をひっくり返すように外すと、そのままゴミ箱に捨てることができます。ビニール手袋が入った箱の裏面にシール付きのマグネットを貼っておくと、空間を利用してロッカーの扉の裏にくっつけておくことができます。

〈例〉
黄色テープ
「○年○組」
赤色テープ
「ろう下」

コラム⑧

全校掃除場所見取り図

校内を見渡した時に、いつも掃除がされていない場所はありませんか? また、「廊下掃除と階段掃除の境目はどこ?」と聞かれた時に、明確に答えることはできますか?

私が校務分掌で清掃の担当になった時、これらを解決するために、全校の掃除場所の見取り図を作成しました。全クラスの掃除場所がわかるように、校舎の地図にクラスごとに色を変えて塗り、境目がはっきりとわかるようにしました(グラビアに色つきの図があるのでご覧ください)。

さらに、そのクラスの担当場所だけを塗った地図を作り、それをラミネートしたものを各クラスに配布しました(下図)。掃除場所を明確にした

〈例・1年1組の清掃場所〉

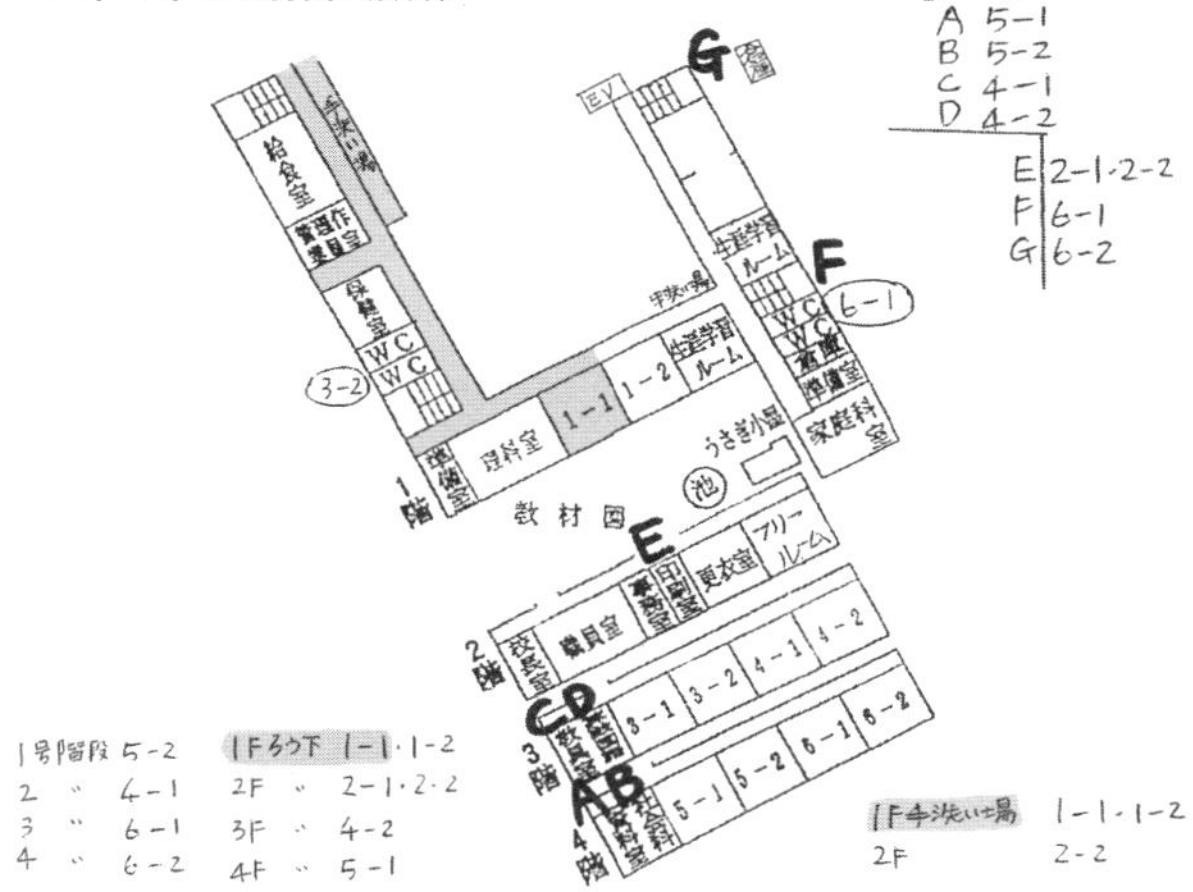

ことで、子ども同士のもめごとが減り、いちいち指導をしなくても担当の場所がわかるため、きちんと掃除をすることができるようになりました。

また、ロッカーも、どこにあれば使いやすいのかを考えてそれぞれの掃除場所の近くに移動させました。そして、ビニールテープを貼るなどしてそのロッカーを使うクラスはどこなのかをはっきりさせたことでトラブルもなくなりました。

クラスで使う掃除用具の管理には、掃除用具の在庫点検表を作成し、子どもたちに毎週一回点検してもらう方法もあります。場所ごとに道具の種類と数をきちんと決めておくことで、道具が行方不明になるのを防ぐことができますし、道具を大切にする気持ちも生まれます。

付録に見本が入っているのでぜひ参考にしてみてください。

第5章

提出・回収時の動線

〈動線のルール②〉

宿題提出時の動線とルール

毎日の宿題チェック、どうしていますか。名簿を使って確認するのも一つですが、ここでは出した子と出していない子がすぐにわかる時短術を紹介します。

1 宿題提出時の子どもの動線

私の場合、登校後、ランドセルを片付けた子から宿題を提出させています。そうすることで始業前にある程度丸をつけて返却することができるため、たとえば漢字テストをする前に直しをすることができたり、個別にその場で指導できたりします。

提出するのは、配膳台の上に用意しておいたかごの中です。かごを活用することで、

提出したものがバラバラにならず、向きもそろうため、点検・丸つけがしやすくなります。ノートなどは空き時間や放課後など、教室以外の場所で点検をする時にかごごと運ぶことができるので、とても便利です。

私の場合は、帰る用意をする時に、翌日提出するものに合わせたサイズのかごを係の子に配膳台の上に置いてもらっています。そうすることで、子どもたちが宿題を提出する際に今日はいくつ提出するものがあるのかが一目でわかり、配膳台と自分の席との間を行ったり来たりするという無駄を省くこともできます。

2 年度初めの下準備

ドリルやノートにはあらかじめ出席番号ごとに色分けしたビニールテープを背表紙に貼っておきます。ユニットの活用です。色は、自分でも覚えやすいように虹の色にしています。1〜5番は赤、6〜10番は橙、11〜15番は黄色、16〜20番は緑、21〜25番は青、26〜30番は白、31〜35番はピンクにしています（グラビア参照）。ビニールテープは4センチごとにカットしています（詳しい作り方はｐ24参照）。

学期の始めには、こちらでテープを貼っておきますが、ノートは途中で新しくなることもあるので、忘れ物の文房具入れのレターケース（ｐ44参照）の近くに置いておき、子どもたちが自分で貼れるようにしています。

音読カード、図書カード、漢字テストを貼る台紙なども、テープと同じ色の画用紙で用意しておきます。毎回裁断機でサイズを調整して切るのは面倒なので、年度当初に一年間使用する分を考えてまとめて準備しておくと楽です（途中でなくす子や転校生が入ってくる可能性もあるので、少し多めに用意しておきます）。

3 出していない子はすぐわかる！

通常、クラスの人数分がそろってい ない時、「まだ出していない人？」と言って全員に聞かなければいけませんが、ノートやドリルにはテープが貼ってあるので、ユニットカラーの同じものをそろえていき、5冊ずつあるかを確認します。そして、たとえば黄色が1冊足りなければ11〜15番の5人の中のだれかが出していないとわかるので、すぐに見つけることができ、時間の短縮につながります。

学習プリント・ドリルの直しの動線とルール

教師の仕事の中でも手間がかかるのが「直しの点検」です。プリント（紙ペラのもの）とドリルやノート（冊子のもの）に分けて点検方法を変えています。

1 その日のうちに点検・返却・直しを

宿題として朝提出したプリントやドリルは、始業前や空き時間を使って丸つけや点検をします。そして、直しのあるもの（不合格のもの）は本人に返却し、できるだけ早く直しをするように指導しています。直しをする時間は、本人に任せています。返却をされたらすぐに確認をして直す子、早く課題が終わった時や給食の待ち時間に直す子、家に帰ってから直す子など、さまざまです。

2 プリントの提出にはかごを利用

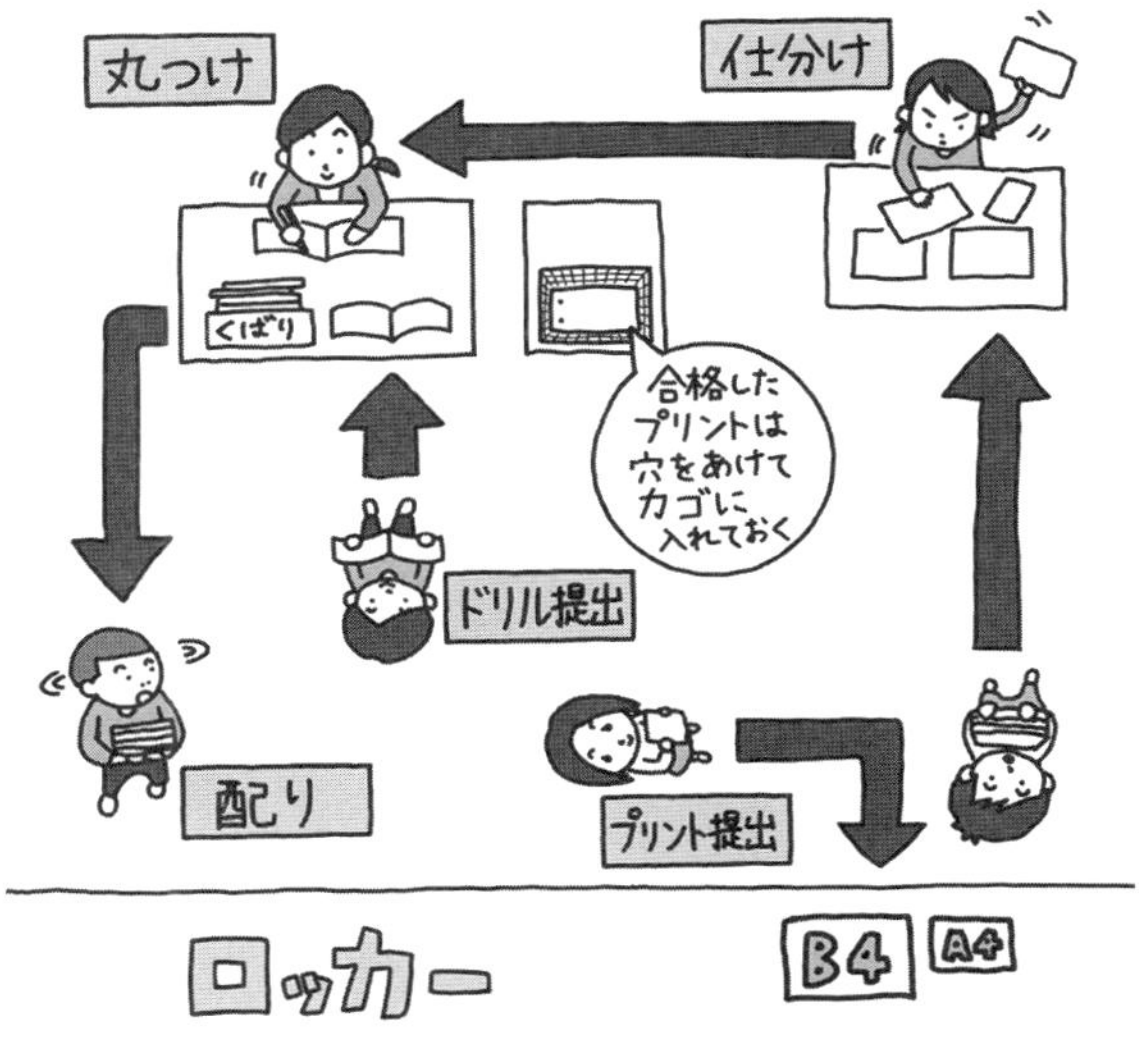

直しをしたプリント類は、ロッカーの上に大きさごとに用意しておいたかご（私はB4とA4のものを複数活用）に提出します。入れるときに端をそろえる必要がないため、子どもでも入れやすいのです。また、かごの縁の部分に、「下」と書いたり、ペンで目印をつけたりして、そこにプリントの下の部分を合わせて入れるようお願いしておけば、向きがそろうので、丸を付けるのも楽になります。かごは重ねておくこともできて便利です。

しかし、向きはそろっても、すぐに直して出さない子もいるため、いろいろな種類のプリントが混ざる時は、丸つけをするのが大変です。そこで私は少しの間ためておき、それから仲間分けをして丸つけをするようにしています。お手伝いが好きな子に、仲間分けを手伝ってもらうこともあります。これで丸をつけやすくなります。

3 合格したプリントは教師が預かっておく

間違いがすべて直って合格したプリントは、こちらで預かっておきます。その際、プリントの左端にパンチで穴をあけて、別のかごにためていきます。そして定期的（1週間や1カ月など）もしくは一定の量がたまったら、個人用のフラットファイルとともに穴のあいたプリントを一気に返却し、そこに綴じるようにさせます。

フラットファイルには「ファイル点検カード」（付録p119参照）を貼っておき、そこに日付を記入してからおうちに持ち帰らせます。そして、ファイルを空にして、保護者のサインをもらい、翌日提出させます。

子どもによっては、間違い直しをためてしまう子がいるため、このファイル点検カードに、合格枚数に応じて❀、◎、○、△、×と評価を記入します。本人やおうちの人に知ってもらい、きちんと間違い直しに取り組んでもらうためです。間違えたままだと、力がつきません。

4 ドリル・ノートの場合は担任の机上に

ドリルやノートのような冊子の場合は、直しをしたページを開いて担任の机上に置きます。その際、同じ種類ごとに重ねてもらえるようにお願いしています。そうすると、点検もしやすいですし、すぐに点検できずに次の時間に使用する場合でも、さっと返すことができるからです。

プリント同様、授業の合間に点検し、直しの必要がある時にはふせんを付けて返却します。子どもにとって、どこを直せばいいのかが一目瞭然のため、取り組みやすくなります。また、合格（直しが済んでいる）時には、点検済みの最後のページに☆マークを記入しています。子どもたちにとっては「合格」のマークですが、これがあることで、直しがどこまで済んでいるのかを毎回確認しなくても良くなり、時間の効率化につながります。

学期末には、すべての直しが終わっていたらシールを貼ってあげます（まだの子には直しのモチベーションに）。子どもたちはとても喜びます。

5 ノートやドリルなどの返却の仕方

丸つけをしたあとのノートやドリル、プリントなどは、その都度返却するのは時間が取られたり、机上がグチャグチャになったりします。そこで私は、返却・配布用の箱を用意してその中に入れ、配る時間を指定して係にお願いしています。

箱の側面には赤で「くばり」、反対側に青で「くばり」と書いておきます。正面に赤で書かれた「くばり」があるときは、「くばり係さん、休み時間に配ってください」というメッセージです。正面に青で書かれた「くばり」があるときは、「みんなで協力して時間ができた時（早く課題が終わった時や、給食を待っている時など）に配ってください」というメッセージです。

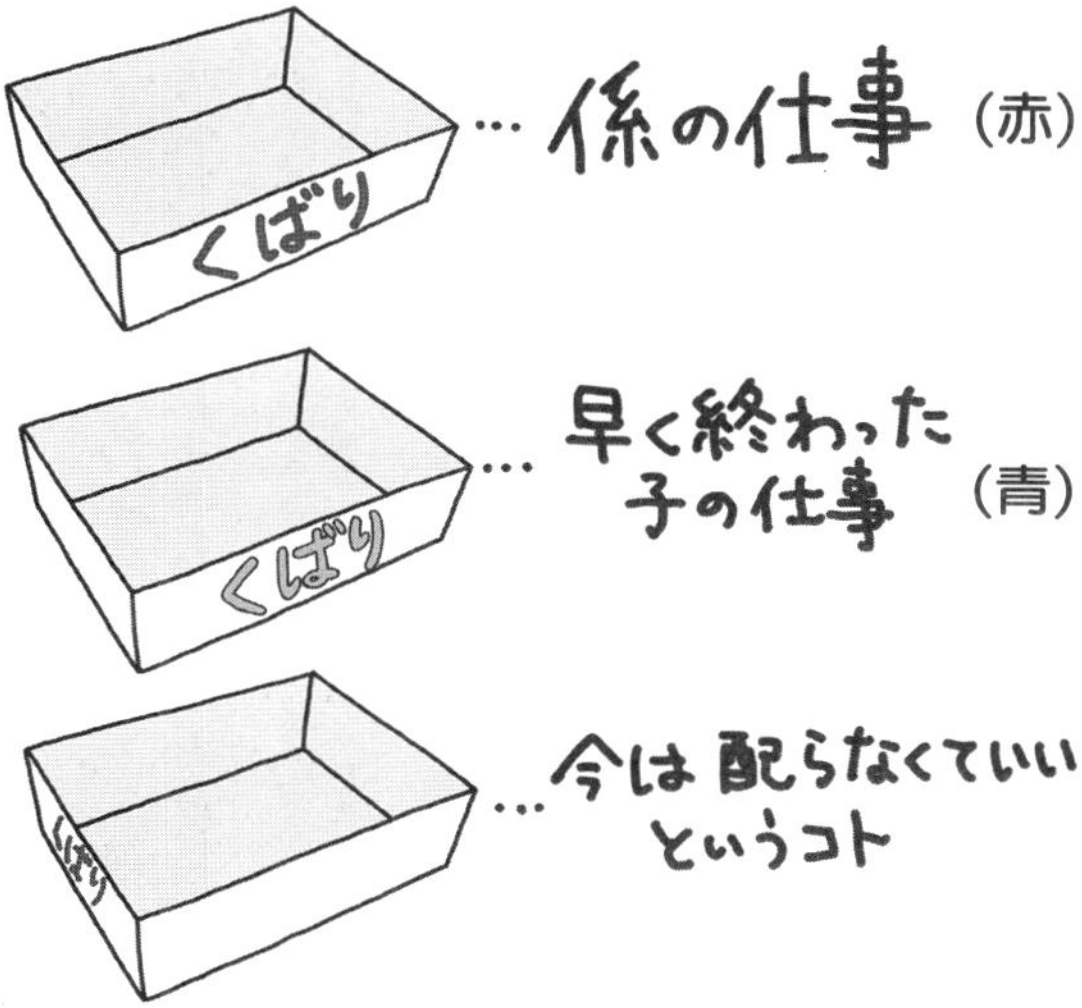

配る必要がない時には、箱を裏返しておくか、何も書いていない面を正面にして置いておきます。また、配り終えて空になった時も、最後の子に同様にしてもらいます。つまり、「今は配るものはなし」というサインです。

授業中の提出・採点時の動線とルール

作文や漢字テストなどを授業中に記入・提出させ、その場でチェックするような時もあらかじめ動線を決めておくことでスムーズになります。

1　授業中に作文やテストを提出させる場合のポイント

「できた子から持っておいで」と声をかけると、我れ先に！　と走ってくる子がいたり、イスを出したままで来て他の子の邪魔になったり、「横入りされた！」と言ってもめたりします。そこで、提出する時の道順を左の図のように決めておくことにしました。これにより、ケガやもめごとがぐっと減りました。

また、提出する際、相手が見やすいよう向きを考えて渡すように伝えています。向

きが反対の場合やサッと出せなかった場合には、もう一度並ぶところからやり直し。何度かやり直しをしていると、きちんと出せるようになってきます。見せたあとは、左に行くように決めておくと、ぶつかることもなくなるし、子どもたちがスムーズに動くことで丸つけのスピードも上がります。

特例があります。丸つけをしていたら、「質問があって来た」という時。作文のチェックの時などは、一人に時間がかかると、その間ずっと他の子たちが待っていて、課題が進みません。そこで考えたのが、質問がある人は、先生の横に並ぶというルールで、質問のある子を優先するようにしています。

2 丸つけや採点の工夫

丸つけをするときは、一枚一枚するのではなく、問題ごとに丸をつけると効率的です。プリントの左上をダブルクリップで留めておき、何問かずつ答えを覚えておいて一気に丸をつけていきます。そうすれば、いちいち正答を書いたものを見なくてもいいので時間が短縮されます。特に国語などで部分点をつける時などは、基準がぶれるこ

となく見ていくことができます。私は国語、特に読み取り問題の丸つけが苦手でしたが、この方法にしてからはずいぶん楽になりました。

テストは見直しが終わった子から提出をさせると、放課後の仕事を少しでも減らすことができます。提出した子には、プリントやドリルの直しをさせたり、読書をさせたりしています。

3 音楽のテストはユニットで

音楽の時間、一人一人異なる課題曲をリコーダーで吹くような場合、一人ずつ聴いていると、みんなを待たせている時間がもったいないです。そこで私は、全員に自分の課題曲を練習させ、班ごとに呼んでテストをしています。そうすれば、一人一人の学習時間をきちんと確保することができるのです。

ポイントは「ユニット」で「ずらす」ということです。

図書の貸出し・返却時の動線とルール

私の学校では、週に1時間「図書」の時間があり、そこで学級担任が本の貸出しと返却をします。一気にすると混乱するので、学級独自のルールをつくってみました。

1 図書室に長蛇の列…

学級担任が子どもたちの本の貸出しや返却をする学校の場合、みなさんはどのように本の返却をさせていますか。

図書室に行ってすぐに返却をさせると、全員が一気に並び、長い列ができます。そうすると、待っている時間がもったいないし、その間におしゃべりが始まり、騒がしくなってしまいます。

また、借りる本をなかなか決めることができず、時間内に貸出しを済ますことができないというケースもあるのではないでしょうか。

2 返却する時は右手に本

そこで、子どもたちは先に借りる本を決めて机上に置いてから、順番に返却の手続きをすることにしています。そうすれば一気に並ぶこともありませんし、時間内に借りることができないということもほぼ解消されます。

その際、私は右利きなので、パッと確認のハンコを押すことができるように、子どもたちには右手に返却する本、左手にカードを持って並び、「返却します」と言ってもらいます。そしてハンコをもらったら、サッと左に移動します。これにより、次の子どもがパッと教師の前に来ることができ、スムーズに返却することができます。これはほかの時（給食時のおかわりや授業中にテストなどを出す時）と同じなので、子どもたちは自然に動けるようになっていきます。

しっかりと読むことができたかを確認したい時には、「返却します」の前に感想を尋ねることもあります。なお、返却する本を忘れた時には、借りる場合（次項）と同様にカードを右手に持って「忘れました」と言ってもらうことにしています。

3 借りる時は左手に本

先に返却が済んだ子から貸出しの手続きをします。教師（右利きの場合）は右手にハンコを持っているため、左手でカードを受け取れると手続きがしやすくなります。そこで、子どもたちには右手にカード、左手に本を持って並び、「借ります」と言ってもらいます。返却する時とは、持つ手が逆になっていますので、わかりやすくなります。

カードや本の向きが相手（教師）の方を向いていない時や、持つ手が逆になっている時には、もう一度やり直し。そうすることで並んでいる間も考えて準備をしなければならず、おしゃべりをしている暇はありません。借りたあとは、借りた本を読んでもいいし、別の本を読んでも良いことにしています。

　最後の5分間は、借りる本以外は本棚にしまい、棚の整理整頓や、ゴミ拾いをさせてから教室に帰ります（私は図書室の棚やスペースをクラスの人数で分けて担当を決め、1年間同じ所を責任をもって整理させています）。

お便りや文書の配布・回収時の動線とルール

学校では毎日たくさんの文書が配られます。保健関係の文書や家庭数のものなどは、特に注意が必要です。早く、確実に配布・回収できる方法を紹介します。

1 番号をふっておく

お便りや文書を配ったあとに、それが床に落ちていることはありませんか。「だれの?」と尋ねても、なかなか持ち主は現れません。全員に手に持たせたり、隣同士で確認させたり……それも時間が取られます。

このようなことを防ぐために、配布する前に教師が、もしくは配布してすぐに子どもたちが紙の右上に自分の出席番号を記入するという方法があります。番号を記入しておくことで、あとで回収するもの（懇談会の希望調査やアンケートなど）の時は、全員そろっているか、順番通りに並んでいるかなどのチェックをすることもできますし、氏名欄に記入もれがあったとしても、だれのものなのかすぐに判明します。

2 保健関係の文書の配布と回収のポイント

保健関係の文書は個人情報が多く含まれているため、担任が出席番号順に配布・回収をするのが良いでしょう。自分の番号の少し前にはスタンバイするように伝えておくことで、サッと渡したり集めたりすることができます。こういったことを繰り返していると、テストの返却の時など、名前を呼ばれる前からスタンバイをしている子も出てきます。

なお、回収の時だけ、出席番号順に座らせて、後ろから集めてもらうという方法もあります。

3 家庭数の配布

配布物の中には、児童数ではなく、家庭数（校内にきょうだいがいる場合には家庭に１枚）で配布するものがあります。その都度だれに渡すのかを確認するのは面倒ですし、時間もかかります。そこで、席替えのあと初めて家庭数のお便りを配布するときに、先頭の子どもに自分の列の家庭数を数えて覚えてもらいます。次からは、教師がその列に来る直前に数を言ってもらうようにしておくと、子どもたちを待たせずに配布することができます。

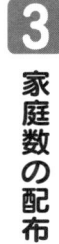

コラム⑨ 子どもたちと考える整理整頓

①子どもたちはどう思っているか?

教室内を整理整頓することでどんな良いことがあるのか、あらためて3年生の子どもたちに聞いてみました。すると、

「勉強に集中できる」

「気持ちがいい」

「掃除がしやすい」

などの意見が出てきました。

しかし、中には「先生はちょっとルールが細かすぎる」という意見も……。

そこで、「もしも掃除用具が全部同じところに入っていたらどうなるかな?」と質問しました。すると、「みんなが一斉に集まって取れない」「けんかになる」という答えが返ってきました。

このように具体的な場面をイメージさせることで整理整頓の必要性を理解できる子もいます。

②もしもかごがなかったら?

さらに、「もしも宿題を出す時にかごがなかったらどう?」と聞いてみました。すると、「ちゃんとできる!」と言うので、試しに翌日、かごを用意しないでおきました。

教室に行ってみると、とてもきれいにノートが積み重ねられていました。「すごくきれい! 大変だった?」と聞くと、「大変じゃなかった!」と得意げな表情。そして、授業中のプリント提出も、かごなしでもとてもきれいでした。

これまでの積み重ねがあったからこそできたのだと感じる一方で、はじめから「できない」と決めつけるのではなく、子どもたちの「できる」を信じることも大切だとあらためて感じた出来事でした。

コラム⑩

連絡帳を機能させるには？

①教師用ノートの活用

私が新任のころ、時間に追われて焦って連絡帳を書いた時に、まだ習っていないところを宿題に出してしまい、翌日保護者から指摘を受けたことが何度かありました。

そこで私は、自分用の連絡帳下書きノートを作るようになりました（グラビア参照）。Ａ４のノートを半分に裁断し、見開きページに1週間分を記入するようにしています。週案を見ながら、宿題に出す漢字ドリルや算数ドリルなどのページを記入します。また、行事予定表を見て、翌日の行事（発育測定や集団下校など）を記入しておくことで、連絡し忘れるということがなくなります。

生活科や図工の学習で使用するものなどは、いつまでに何を用意するのか、早めに記入しておくと、期日までに道具がそろい、スムーズに学習に入ることができます。また、テストの予定を書いておくことで、復習やテスト勉強を促すこともできます。付録も参考にしてください。

②連絡帳の書き方

連絡事項は、わかりやすくするために記号を使うようにしています。

(れ) 連絡
(持) 持ち物
(手) 手紙の数
(宿) 宿題
(わ) わすれもの
（明日必ず持ってくる）

ただ、全員が同じことを書かない場合もあります。たとえば、給食当番だった児童は「(持)エプロン」となるし、家庭数でのお便り（きょうだいがその学校にいる場合に一番下の子がもらう手紙、家庭に1枚の手紙）の配布だと「(手)1枚」もしくは記入しないことになります。そこで、全員が記入するものは白色のチョーク、関係者だけ記入するものは黄色のチョーク、とても大切な連絡で全員に赤で記入させたいものは赤色のチョークを使用すると決めて、子どもたちに最初に伝えておきます。そうすれば、いちいち個別に指示する必要がなくなります。

また、忘れものをした時には、気がついた時点ですぐに日付と忘れたものを赤鉛筆で記入して、提出させるようにしています。

③書くのはいつ？

帰りの会の時、連絡帳を開かせたところ保護者からのメッセージに気づき、気づいた時には遅かった……ということはありませんか（「体育を見学させてください」「給食後薬を飲むように声をかけてください」「○○について本人から話を聞いてください」など）。子どもたちに「おうちの人が何か書いていたら朝出すように」と伝えていても、出し忘れる子が必ずいます。

そこで私は帰りの会ではなく、1時間目の終わりなどに連絡帳を記入する時間を設けて、このようなことを防いでいます。しかしそうすると、あとからお便りが増えて書き足しをさせないといけなくなることもあります。そんな時は、書き足したあとに隣同士で確認してもらい、書き忘れを防いでいます。

④欠席した子どもへの連絡帳

みなさんは、どうしていますか？　日直や係にお願いする場合もありますが、当人が自分の記入に時間がかかってしまうとより遅くなってしまいます。私の場合は、黒板に欠席している子の名前を書いておき、早く書けた子からその下に自分の名前を記入してもらいます。そして、レターケース（p44参照）からメモを1枚とって欠席の子の代わりに書いてもらい、お便りとセットにして持ってきてくれるようにお願いしています。兄弟姉妹がいる場合には休み時間を使って届けます。

兄弟姉妹はいないけれど、近所に住んでいる子がいる場合には、その子に帰る直前に渡して届けてもらいます。早く渡すとランドセルの中の奥に入れてしまい、渡し忘れることがあるためです。

付録

コピーして使える資料

★p116～123はコピーしてご自由にお使いいただけます。
・140%拡大 → Ｂ５サイズ
・160%拡大 → Ａ４サイズ
になります。

●私の学級（学年）整理収納計画表

NO.1

年度 年　　組	収納方法・場所	気を付けること・工夫
学習で使うもの		
絵の具セット		
習字道具		
裁縫セット		
算数セット		
粘土・粘土板		
鍵盤ハーモニカ・吹き口		
お道具箱		
学習プリント・ファイル		
机		
身につけるもの		
ランドセルと給食袋		
上着・帽子		
下足・上履き入れ		
体操服・水着		
水筒		
外で使うもの		
傘		
とびなわ		
遊び道具		
雑巾		

NO.2

	方法	気を付けること・工夫
給食時間の動線とルール		
・給食時間の手順（全体）		
・当番の子の手順		
・当番ではない子の手順		
・給食室への移動の並び順		
・給食終了時間の明示		
・配膳はだれがするか		
・減らしたい子はどうするか		
・おかわりのルール		
・早く食べ終わった子はどうするか		
・残さないための工夫		
掃除時間の動線とルール		
・掃除時間の手順の作成（全体）		
・掃除用具の取り合いを防ぐ工夫		
・分担を決める際の工夫		
・掃除用具がなくならないための工夫		
・学級（全校）掃除場所見取り図の作成		
提出・回収時の動線とルール		
【お便りなどの配布・回収時】		
・お便りの確実な回収		
・保健関係の文書の配布・回収		
・家庭数の文書の配布・回収		
【図書の貸出・返却時】		
・本を借りる時の動線		
・本を返す時の動線		
・退室時の本の整理のしかた		

NO.3

	方法	気を付けること・工夫
提出・回収時の動線とルール		
【宿題提出時】		
・宿題の提出方法		
・未提出がすぐわかる工夫		
・かごなどの活用		
・点検をいつどこでするか		
・短時間でできる点検の工夫		
【学習プリント・ドリルの直し】		
・プリントやドリルの提出方法		
・未提出がすぐわかる工夫		
・かごなどの活用		
・点検をいつどこでするか		
・短時間でできる点検の工夫		
・点検後、合格したものはどうするか		
・点検後、直しのあるものはどうするか		
・返却する場合はどうやってするか		
・終わったプリントはいつ持ち帰らせるか		
・保護者に点検してもらうための工夫		
・子どものモチベーションアップの工夫		
【授業中の採点・確認時】		
・提出する時の動線		
・質問に来る場合の動線		
・短時間でできる採点の工夫		

●ファイル点検カード

ファイル点検カード

年　組（　　　　　　）

☆プリント類はおうちで保管ください。中身を出したら日付を記入し、印をお願いします。

☆空にしたファイルは、月曜日に持たせてください。

月日	サイン　か　はんこ	月日	サイン　か　はんこ
／　（　）		／　（　）	
／　（　）		／　（　）	
／　（　）		／　（　）	
／　（　）		／　（　）	
／　（　）		／　（　）	
／　（　）		／　（　）	
／　（　）		／　（　）	

ファイル点検カード

年　組（　　　　　　）

☆プリント類はおうちで保管ください。中身を出したら日付を記入し、印をお願いします。

☆空にしたファイルは、月曜日に持たせてください。

月日	サイン　か　はんこ	月日	サイン　か　はんこ
／　（　）		／　（　）	
／　（　）		／　（　）	
／　（　）		／　（　）	
／　（　）		／　（　）	
／　（　）		／　（　）	
／　（　）		／　（　）	
／　（　）		／　（　）	

●掃除用具点検表

年度 年　組　そうじ用具点検表	数	点検した日（人）	点検した日（人）	点検した日（人）	点検した日（人）	点検した日（人）	点検した日（人）	点検した日（人）	点検した日（人）	点検した日（人）	点検した日（人）
教室		／ (　)	／ (　)	／ (　)	／ (　)	／ (　)	／ (　)	／ (　)	／ (　)	／ (　)	／ (　)
ほうき											
ちりとり											
ろう下		／ (　)	／ (　)	／ (　)	／ (　)	／ (　)	／ (　)	／ (　)	／ (　)	／ (　)	／ (　)
ほうき											
ちりとり											
		／ (　)	／ (　)	／ (　)	／ (　)	／ (　)	／ (　)	／ (　)	／ (　)	／ (　)	／ (　)
		／ (　)	／ (　)	／ (　)	／ (　)	／ (　)	／ (　)	／ (　)	／ (　)	／ (　)	／ (　)
		／ (　)	／ (　)	／ (　)	／ (　)	／ (　)	／ (　)	／ (　)	／ (　)	／ (　)	／ (　)
		／ (　)	／ (　)	／ (　)	／ (　)	／ (　)	／ (　)	／ (　)	／ (　)	／ (　)	／ (　)

●連絡帳下書きノート

第　　週

	宿題	もちもの	手紙・お便り	その他連絡
／ 月	① ② ③	・ ・ ・	・ ・ ・ 合計　　枚	・ ・ ・
／ 火	① ② ③	・ ・ ・	・ ・ ・ 合計　　枚	・ ・ ・
／ 水	① ② ③	・ ・ ・	・ ・ ・ 合計　　枚	・ ・ ・
／ 木	① ② ③	・ ・ ・	・ ・ ・ 合計　　枚	・ ・ ・
／ 金	① ② ③	・ ・ ・	・ ・ ・ 合計　　枚	・ ・ ・
／ 土 日	① ② ③	・ ・ ・	・ ・ ・ 合計　　枚	・ ・ ・

●ラミネートカード見本①

手洗《てあら》い・うがいをしましょう

しずかにしましょう

廊下《ろうか》は歩《ある》きましょう

水《みず》は大切《たいせつ》に使《つか》いましょう

ハンカチで手《て》をふきましょう

次《つぎ》に使《つか》う人《ひと》が
気持《きも》ちよくつかえるようにしましょう

人《ひと》がいない時《とき》は電気《でんき》を消《け》しましょう

向《む》きをそろえて入《い》れましょう

エピローグ

「時間泥棒をしてはいけない」。これは私が初任校で教頭先生から言われた言葉です。ある日、研修の申し込みをする時に、毎回やり方を聞くのが申し訳なく感じ、やり方をメモしていきました。それを見た教頭先生に、「それいいわ、ちょうだい」と言われ、喜んでいただいたことがありました。それからは、転出入の書類の作り方、公印のもらい方などのマニュアルを作成していき、必要になった時にはそれを見ることで時間泥棒をすることがなくなっていきました。

もともと無駄なことをするのが嫌いな私は、スムーズに子どもたちが動くことができるように動線を考えたり、パッと見てわかるように収納の仕方を工夫したりするようになっていきました。

そんな私の取り組みを見ていた教頭先生は、私に清掃の担当をさせてくださいました。これをきっかけに、私は自分のクラスだけでなく、校内の環境整備にも取り組み始めました。経験が十年にも満たない私に任せてくださった教頭先生をはじめ、さまざまな提案に付き合ってくださった大好きな初任校の先生方には、とても感謝しています。

整理整頓・収納・動線の工夫、これらは当初、自分が楽になるために始めた取り組みでした。それが、まさか、子どもの教育にここまで関わっていたとは、正直思ってもいませんでした。このことに気づかせてくださったのが、教職大学院で出会った小田勝己先生でした。私のこれまでの取り組みを聞いて、「これは教育的価値がある!」と評価してくださいました。小田先生から学事出版の花岡萬之さんと編集担当の戸田幸子さんを紹介していただき、このような形で本を書かせていただくことになりました。素晴らしい機会をくださり、感謝しています。

本書では、さまざまな道具の整理や収納の仕方などをまとめてきましたが、これらは私だけが考え出したものではありません。職場の先輩方がされていた方法や、研修会で教えていただいた方法、参観に行かせていただいた学校で見た方法などもたくさんあります。多くの先生方のおかげです。皆様への感謝の思いを、今後、子どもたちのより良い教育環境を整えていくための力に変えていきます。

最後になりましたが、かわいいイラストを描いてくださった三浦弘貴先生と、この本を読んでくださった先生方に感謝申し上げます。ありがとうございました。

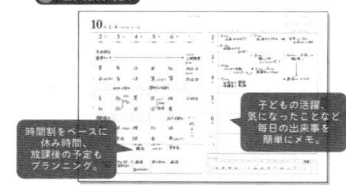

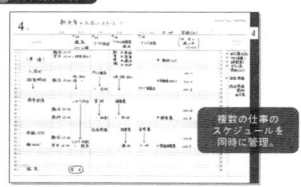

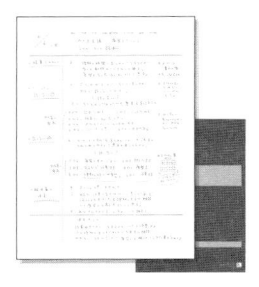

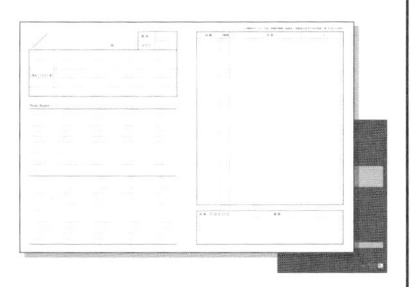

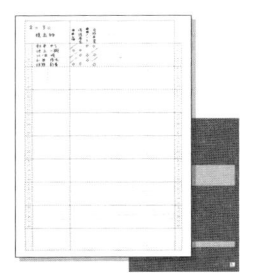

〈著者紹介〉

安村晃子（やすむら・あきこ）

創価大学教育学部卒業。

大阪市の小学校教諭として採用されて14年目。

2014年度から２年間、長期自主研修支援制度を利用して創価大学教職大学院へ進学。

〈大切にしていること〉　子どもたちの学習環境を整えること。

〈観察していること〉　服装や持ち物、文字の乱れは心の乱れだと考えているため、日々丁寧に観察するように心がけている。
※プロフィールは執筆当時

学級が落ち着く 教室の整理・収納・動線のルール

2017年３月４日　初版発行
2018年７月18日　第２版発行

著　者――安村晃子
発行者――安部英行
発行所――学事出版株式会社
〒101-0021　東京都千代田区外神田2-2-3
電話　03-3255-5471
http://www.gakuji.co.jp

編集担当　戸田幸子
編集協力　工藤陽子
イラスト　三浦弘貴
装　　丁　精文堂印刷株式会社制作室／三浦正已
印刷製本　精文堂印刷株式会社

ISBN978-4-7619-2318-1 C3037